cycle 3

La Grammaire par les exercices 6e

nouvelle édition 2021

Conforme au programme

Cahier d'EXERCICES

Joëlle PAUL

Certifiée de lettres classiques

Année scolaire 2024

Nom GARCIA

Prénom Roxane

Classe 6e

Les cahiers de français

bordas éditeur

Je travaille efficacement avec mon cahier de grammaire

Avec les pages **Méthode**, j'apprends à apprendre.

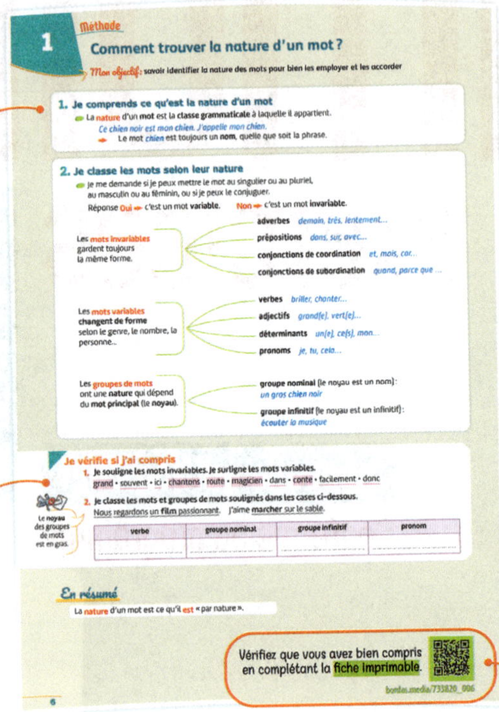

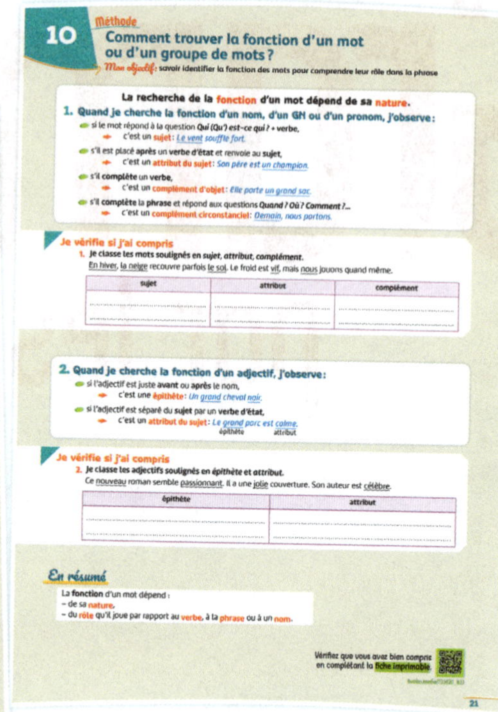

Je comprends la méthode.

Je mets en application la méthode.

Je vérifie si j'ai bien compris en complétant une fiche de synthèse imprimable.

Avec les **fiches**, je travaille les notions de grammaire.

J'accède à d'autres exercices numériques pour réviser les bases et pour me perfectionner.

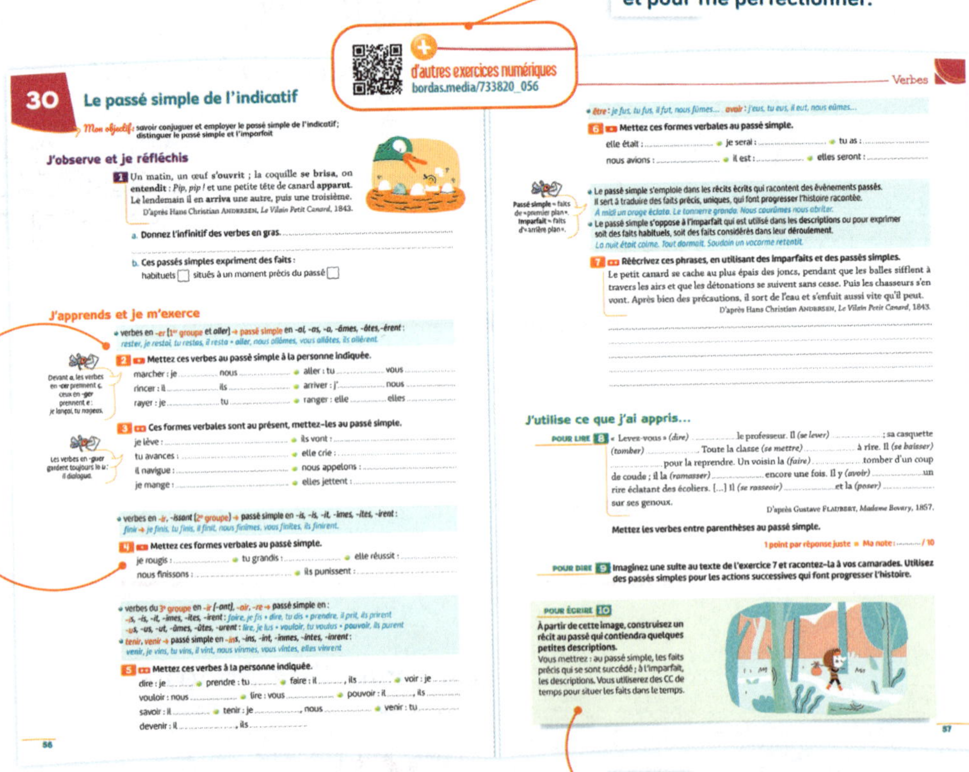

Avec les leçons et les exercices, j'apprends et je m'entraîne pas à pas.

Des étoiles m'indiquent le niveau de difficulté de chaque exercice.

J'utilise les notions que j'ai apprises pour lire, dire et écrire.

 ISBN 978-2-04-733820-9

Avec les pages d'**évaluation**, j'évalue mes connaissances et mes compétences.

Je fais le point sur ce que je sais avant de m'évaluer.

Je teste mes connaissances.

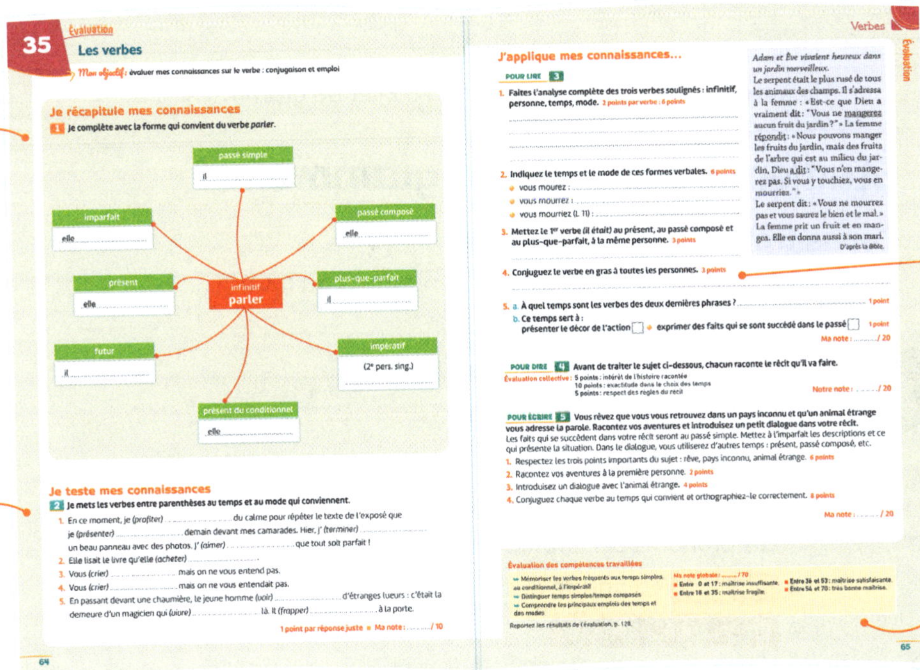
35 Évaluation
Les verbes
Mon objectif : évaluer mes connaissances sur le verbe : conjugaison et emploi
Je récapitule mes connaissances
Je teste mes connaissances
J'applique mes connaissances…
Verbes

Je teste mes compétences d'**écriture**, de **lecture** et d'**oral**.

J'évalue mes compétences.

Avec les pages **Dictée**, je me prépare et je m'entraîne.

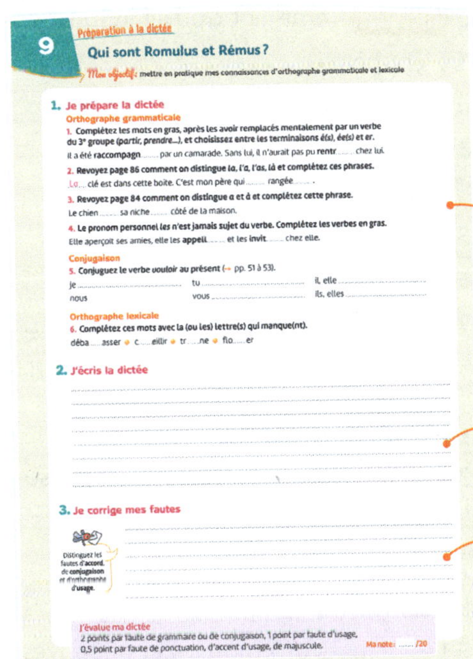
9 Préparation à la dictée
Qui sont Romulus et Rémus ?
1. Je prépare la dictée
2. J'écris la dictée
3. Je corrige mes fautes

Je m'**exerce** avec des exercices préparatoires.

J'écris la dictée.

Je corrige mes fautes

POUR M'EXERCER AVEC LE NUMÉRIQUE

→ **270 exercices numériques autocorrectifs**
Pour chaque notion :
– des exercices pour découvrir ou retravailler les bases, avec des aides pour surmonter les difficultés
– des exercices pour se perfectionner

→ **7 fiches méthode** imprimables à compléter pour ancrer les connaissances

3 MOYENS D'ACCÈS
– **QRcode®**, sur smartphone ou tablette
– **mini-liens**, sur tablette ou ordinateur
– **site compagnon** : college.editions-bordas.fr

Pour accéder aux ressources par QRcode®, c'est simple :
1. Je télécharge gratuitement l'application QRcode®
2. Je scanne le QRcode® en plaçant mon appareil au-dessus de la page
3. J'accède directement à la ressource.

Sommaire

Étudier et pratiquer la grammaire

Connaître les classes de mots

Identifier les fonctions

Construire des phrases

Conjuguer les verbes, employer les temps

Orthographier et accorder les mots

Étudier le vocabulaire

Apprendre à écrire un récit

1

Méthode

Comment trouver la nature d'un mot ?

Mon objectif : **savoir identifier la nature des mots pour bien les employer et les accorder**

1. Je comprends ce qu'est la nature d'un mot

- La **nature** d'un **mot** est la **classe grammaticale** à laquelle il appartient.

  *Ce **chien** noir est mon **chien**. J'appelle mon **chien**.*

  → Le mot ***chien*** est toujours un **nom**, quelle que soit la phrase.

2. Je classe les mots selon leur nature

- Je me demande si je peux mettre le mot au singulier ou au pluriel, au masculin ou au féminin, ou si je peux le conjuguer.

  Réponse **Oui** → c'est un mot **variable**. **Non** → c'est un mot **invariable**.

Les **mots invariables** gardent toujours la même forme.
- **adverbes** *demain, très, lentement…*
- **prépositions** *dans, sur, avec…*
- **conjonctions de coordination** *et, mais, car…*
- **conjonctions de subordination** *quand, parce que …*

Les **mots variables** **changent de forme** selon le genre, le nombre, la personne...
- **verbes** *briller, chanter…*
- **adjectifs** *grand(e), vert(e)…*
- **déterminants** *un(e), ce(s), mon…*
- **pronoms** *je, tu, cela…*

Les **groupes de mots** ont une **nature** qui dépend du **mot principal** (le **noyau**).
- **groupe nominal** (le noyau est un nom) : *un gros **chien** noir*
- **groupe infinitif** (le noyau est un infinitif) : ***écouter** la musique*

Je vérifie si j'ai compris

1. **Je souligne les mots invariables. Je surligne les mots variables.**
   grand • souvent • ici • chantons • route • magicien • dans • conte • facilement • donc

Le **noyau** des groupes de mots est en gras.

2. **Je classe les mots et groupes de mots soulignés dans les cases ci-dessous.**
   Nous regardons un **film** passionnant. J'aime **marcher** sur le sable.

verbe	groupe nominal	groupe infinitif	pronom
....	....	....	....

En résumé

La **nature** d'un mot est ce qu'il **est** « par nature ».

Vérifiez que vous avez bien compris en complétant la fiche imprimable.

bordas.media/733820_006

2 Les mots invariables

d'autres exercices numériques
bordas.media/733820_007

Mon objectif : identifier les mots invariables ; connaître les catégories de mots invariables

J'apprends et je m'exerce

- Les **mots invariables** n'ont ni genre ni nombre. Ils gardent toujours la même forme.
- Les **adverbes** complètent ou modifient le sens d'un mot.

*Tu écris **bien**. Elle est **très** contente. Ils viennent **assez** souvent.*
verbe — adjectif — adverbe

1 * **Chaque adverbe en gras complète un mot. Soulignez ce mot.**

1. Ce repas était **absolument** délicieux.
2. Nous attendons **impatiemment** ton retour.
3. Le temps passe **trop** vite. Nous partons **déjà**.

L'**adverbe** peut précéder ou suivre le mot qu'il précise.

- Les **prépositions** introduisent un mot ou un groupe de mots **complément** :
à, dans, par, pour, en, vers, avec, de, sans, sous…
En juillet, j'irai chez des amis, pour les vacances, pendant un mois.

2 * **Complétez ces phrases avec ces prépositions : *par*, *de* (2 fois), *avec*, *sur* et *à*. Soulignez les mots ou groupes de mots qu'elles introduisent.**

1. Cette pendulette que tu vois .... la cheminée appartenait .... ma grand-mère.
2. Les cambrioleurs ont été mis en fuite .... les aboiements .... la chienne.
3. Elle revient .... la piscine où elle était allée .... des camarades.

- Les **conjonctions de coordination** *et, ou, ni, mais, or, car, donc* **relient** deux mots ou deux groupes de mots. *Le temps est sec et chaud.*

Une **conjonction de coordination** peut relier 2 groupes de mots contenant un verbe (propositions).

3 **Entourez les conjonctions de coordination et soulignez les mots ou groupes de mots qu'elles relient.**

* a. 1. Buvez-vous du thé ou du café au petit-déjeuner ?
2. Les récits mythologiques sont passionnants et instructifs.

** b. 3. Ce film n'est ni drôle ni intéressant. Je te le déconseille car il ne te plaira pas.

- Les **conjonctions de subordination** introduisent des propositions **subordonnées** :
que, quand, lorsque, puisque, comme, quoique…

4 * **Complétez les phrases avec ces conjonctions de subordination : *que*, *lorsque*, *puisque*. Soulignez les subordonnées qu'elles introduisent.**

1. Tu devrais apprendre le chant, ... tu as une jolie voix.
2. Un haut-parleur annonce .... le train aura du retard.
3. .... mes camarades ont vu mon déguisement, ils ont éclaté de rire.

ÉCRIRE **5** a. **Racontez une journée que vous avez trouvée agréable.**
b. **Utilisez des mots invariables étudiés dans cette fiche. Soulignez-les.**

3 Le verbe et le groupe verbal

d'autres exercices numériques
bordas.media/733820_008

Mon objectif : identifier les verbes ; reconnaître les différentes catégories de verbes ; identifier les groupes verbaux

J'observe et je réfléchis

1 Les cyclopes **étaient** des créatures gigantesques. Ils **possédaient** un œil unique au milieu du front. Ils **avaient** une apparence repoussante et on **craignait** leur férocité.

a. **Quelle est la classe grammaticale des mots en rouge ?**

....

b. ***Ils avaient* : remplacez *ils* par *nous* et entourez la terminaison.**

....

J'apprends et je m'exerce

- Le **verbe** est le mot **le plus important** de la phrase. Il **varie** selon sa personne, son nombre (singulier ou pluriel), son temps, son mode…
L'ensemble de ses formes constitue la **conjugaison**.
- Un verbe est formé d'un **radical** et d'une **terminaison** qui varie quand on conjugue le verbe : *parl/er, tu parl/es, nous parl/ions, elle parl/a.*

2 * **Soulignez les verbes dans le texte suivant.**

Le nom *cyclope* vient de deux mots grecs anciens : *kuklos* (« cercle ») et *ops* (« œil »). *Cyclope* signifie donc « œil rond ». On retrouve le mot *kuklos* dans d'autres mots, comme *bicyclette* ou *encyclopédie* (ouvrage qui fait le « tour » des connaissances).

Pour trouver le **radical d'un verbe**, on ôte les dernières lettres de l'infinitif : *-er*, *-ir*, *-oir* ou *-re*.

3 * **Soulignez le radical des verbes et entourez leur terminaison.**

je courais • tu marchas • elle interroge • nous venons • vous partiez • ils donnaient

4 * **Surlignez les intrus qui se cachent parmi les verbes.**

panier • métier • étudier • sentier • déplier • confier • grenier • premier • envier

- On distingue les **verbes d'action** (*dessiner, lire, écouter…*) et les **verbes d'état** (*être, paraître, sembler, devenir, rester, avoir l'air…*).
- Les verbes *être* et *avoir* peuvent être employés comme **auxiliaires**.
C'est le cas lorsqu'ils « aident » à conjuguer d'autres verbes : *Ils sont sortis, car ils avaient fini.*
V V

5 * **Rangez chaque forme verbale dans le tableau.**

tu apprends • vous êtes • elle montre • je cuisine • nous rentrons • ils regardent • je semble • il devient

verbes d'action	verbes d'état
....	....
....	....
....	....

6 ** **Soulignez les verbes *avoir* et *être* lorsqu'ils sont employés comme auxiliaires.**

nous avons fini • elle est contente • je suis revenu • tu as bonne mine • ils sont partis

- Un verbe est **conjugué** quand on peut le faire précéder de *je, tu, il, elle*... ou quand on peut l'encadrer avec la négation *ne... pas* : ***venaient** : ils venaient, ils ne venaient pas.*
- Un verbe est à **l'infinitif** si on peut le faire précéder de *il faut*.
  Il se termine par *-er, -ir, -oir, -re* : *parler, venir, pouvoir, prendre.*

7 * **Associez les pronoms sujets aux verbes.**

je •	• sors	nous •	• allez
tu •	• parle	vous •	• partent
elle •	• es	ils •	• appelons

8 * **Soulignez les verbes conjugués et surlignez les verbes à l'infinitif.**

1. La nuit va tomber et il commence à pleuvoir ; il est temps de rentrer.
2. Si tu veux apprendre une langue, tu dois partir vivre quelque temps dans le pays.

- Un **groupe verbal** (GV) est formé d'un **verbe** et des mots qui dépendent de lui : **complément** ou **attribut** : *On [construit une tour]* *(GV). Elle [sera très haute] (GV).*
- On dit que le verbe est le « **noyau** » du groupe verbal.

9 * **Soulignez les groupes verbaux et surlignez le verbe qui en est le noyau.**

1. La cigale demanda de l'aide à la fourmi, mais la fourmi était égoïste et ne donna pas de nourriture à sa voisine.
2. Nous avons entendu un bruit bizarre, mais tout semble calme.

10 ** **Ajoutez un complément ou un attribut aux verbes en gras. Soulignez les GV obtenus.**

1. Les enfants **ont découvert** ....
2. Aujourd'hui, la mer **est** ....

J'utilise ce que j'ai appris...

POUR LIRE **11** Au retour de la guerre de Troie, Ulysse et ses compagnons s'aventurent dans une grotte qui semble inhabitée. Là, ils **trouvent** une nourriture abondante. Ulysse ignore qu'elle est la demeure du cyclope Polyphème qui **est** un monstre cruel. Le soir, Polyphème revient, les enferme et en dévore quelques-uns. Mais Ulysse est rusé et fait boire du vin à Polyphème. Ivre, celui-ci s'endort et Ulysse en profite pour lui crever son œil unique.

a. **Soulignez les groupes verbaux dont les noyaux sont en gras.**
b. **Relevez deux verbes d'état.** ....
c. **Surlignez les verbes conjugués. Entourez les infinitifs.**

POUR DIRE **12** [par groupes de trois] **Chaque groupe choisit un verbe à l'infinitif et chaque membre du groupe propose une phrase avec un pronom personnel sujet + le verbe au présent + un complément d'objet.**

POUR ÉCRIRE **13** ***Un jour, Ulysse et ses compagnons arrivent sur une île inconnue...***
Continuez le récit, à votre guise. Soulignez les verbes.

Autoévaluation
Bravo ! si :
- **a.** le récit respecte le sujet (Ulysse, ses compagnons, l'île inconnue) ;
- **b.** les verbes sont bien employés et soulignés.

Sinon, je remanie mon devoir.

4 Le nom et le groupe nominal

d'autres exercices numériques
bordas.media/733820_010

Mon objectif : identifier les noms ; connaître les différentes catégories de noms ; identifier les groupes nominaux

J'observe et je réfléchis

1 Dans une **ville** de **Perse** vivaient deux **frères**, dont l'un portait le **nom** de **Cassim** et l'autre celui d'**Ali Baba**. Leur **père** en mourant ne leur avait pas laissé une grosse **fortune**.

Ali Baba et les quarante voleurs.

a. Parmi les noms en rouge, lesquels ont une majuscule ? ....

Lesquels sont au féminin ? .... **au pluriel ?** ....

b. Comment appelle-t-on les mots soulignés ? ....

c. Où sont-ils placés par rapport aux noms ? ....

J'apprends et je m'exerce

- Un **nom** est un mot qui sert à « nommer », à **désigner** une personne, un animal, une chose, une idée : *papier, aviateur, main, fourmi, chanson, infirmière, liberté...*

Vous pouvez vérifier qu'il s'agit bien de **noms** en les faisant précéder de *un*, *une* ou *des*.

2 * **Indiquez si les mots soulignés sont des noms ou des verbes.**

a. La porte est ouverte. .... / L'âne porte une charge. ....

b. Lola élève des lapins. .... / Un élève est interrogé. ....

3 ** **Soulignez les noms dans le texte suivant.**

L'un des deux frères se trouvait un jour dans la forêt où il coupait du bois. Il aperçut une troupe de cavaliers qui venaient dans sa direction. Il comprit que c'étaient des voleurs.

Ali Baba et les quarante voleurs.

- Les **noms communs** sont « communs » à toute une catégorie d'êtres ou d'objets. Ils sont généralement précédés d'un **déterminant** : *la mer, cet exercice, ma sœur, une idée.*
- Les **noms propres** sont « propres » à une seule personne ou un seul lieu géographique. Ils commencent par une **majuscule** et sont souvent employés **sans déterminant** : *Grenoble, Molière, Marie, l'Italie.*

Vous pouvez repérer les **noms propres** à leur première lettre.

4 * **Soulignez les noms communs et entourez les noms propres.**

Lutèce vient du nom latin *Lutecia* qui désignait une ville gauloise, à l'origine de Paris. On trouve de nombreux vestiges datant de l'époque des Romains sur l'île de la Cité et la rive gauche de la Seine.

- Un nom a un **genre** : masculin ou féminin. Il a aussi un **nombre** : il peut être au **singulier** ou au **pluriel** : *(des) tables* : nom commun, féminin, pluriel.

5 **Indiquez le genre et le nombre des noms suivants.**

* a. (un) rosier .... • (des) roses ....

(une) élève .... • (des) espaces ....

** b. (ce) tapis .... • (cette) enfant ....

(des) parapluies .... • (la) pluie ....

- Un **groupe nominal** (GN) est formé d'un **nom** et de son **déterminant** *(une cheminée)*.
  Le nom peut être précisé par d'autres mots ou groupes de mots.
  On les appelle des **expansions** du nom : *une haute cheminée de pierre qui se voit de loin*. (GN)
- On dit que le nom est le « **noyau** » du groupe nominal.

6 * **Soulignez le nom noyau de ces groupes nominaux.**

des arbres centenaires • un panier de pommes • le nouvel ordinateur de Louis • un chien qui aboie • un film que je vous recommande • une vieille, étrange et sombre demeure.

7 ** **a. Complétez ces phrases avec des noms.**
b. Soulignez les groupes nominaux dont ces noms sont les noyaux.

1. Un vieux .... de pierres moussues entoure la propriété.
2. Nous regardons un .... blanc qui galope joyeusement.
3. Les .... des classes de 6ᵉ et de 5ᵉ participeront au .... de badminton qui se déroulera bientôt.

8 ** **a. Formez des GN en ajoutant à ces noms un article *(un, une, des, le, la, les)* et au moins un adjectif. b. Employez chaque GN dans une phrase.**

Exemple : *chat* → *Nous avons adopté un chat gris.*

1. maison : ....
2. livre : ....

J'utilise ce que j'ai appris…

POUR LIRE 9 Un homme avait un vieil **âne** qui l'avait servi fidèlement. Pourtant, il voulait le tuer parce que le pauvre **animal** ne pouvait plus travailler. L'âne s'échappa et se dirigea vers la **ville** de Brême où il avait l'espoir de devenir musicien. En chemin, il rencontra un **chien** trop âgé pour aller à la **chasse**. Il le persuada de devenir, lui aussi, musicien à Brême. Peu de temps après, ils trouvèrent **un chat allongé tristement sur la route**.

D'après Jacob et Wilhem Grimm, *Les Musiciens de Brême*, 1819.

Un GN a le **genre** et le **nombre** de son noyau.

a. Soulignez les GN dont les noms noyaux sont en gras.
b. Relevez le mot et le groupe de mots en rouge. Donnez leur nature, leur genre et leur nombre.

....

....

POUR DIRE 10 **L'un de vous propose un nom commun à son voisin qui l'utilise pour en faire le noyau d'un long GN. À son tour, celui-ci propose un nom à un autre élève, etc.**

POUR ÉCRIRE 11 **Continuez le récit de l'exercice 9, à votre guise. Soulignez les GN. Vous ferez le récit au passé.**

Autoévaluation	Oui	Non
Mon récit commence par la rencontre avec le chat.		
J'ai raconté les aventures des trois animaux.		
J'ai souligné les GN, après avoir repéré leur noyau.		
J'ai employé les mêmes temps que dans le texte 9.		

J'ai obtenu :
- **1 oui** = Je relis le texte de l'exercice 9, la consigne de l'exercice 11 et je remanie mon récit.
- **2 oui** = Je fais les corrections nécessaires.
- **3 oui** = C'est bien.
- **4 oui** = Bravo !

Dans tous les cas, je relis mon brouillon et perfectionne mon récit.

5 Les déterminants

d'autres exercices numériques
bordas.media/733820_012

Mon objectif : identifier et utiliser les différentes catégories de déterminants

J'observe et je réfléchis

1 À origine, contes étaient récits qui se transmettaient oralement.
Ce sont histoires imaginaires destinées enfants.

Ce texte est incompréhensible. Réécrivez-le pour qu'il retrouve un sens plus clair. Soulignez les mots que vous avez dû ajouter.

....

....

J'apprends et je m'exerce

- Les **déterminants** sont des mots qui se placent avant le nom et renseignent sur son genre, son nombre, son possesseur… :
un camarade, une camarade, les chocolats, mes livres, cette histoire.

2 * **Pour chacun de ces noms, cochez tous les déterminants qui peuvent le précéder.**

	un	une	des	le	la	l'	les	mon	ma	mes	ce	cet	cette	ces
élève														
progrès														

3 ** **Entourez les noms et soulignez les déterminants qui les précèdent.**

Un **adjectif** peut se trouver entre le déterminant et le nom.

Dans un pays lointain où vont les hirondelles quand, ici, nous avons l'hiver, habitait un roi qui avait onze fils et une fille. Ces enfants étaient heureux, jusqu'à ce que leur père se remarie avec une méchante reine qui les détestait.

D'après Hans Christian ANDERSEN, *Les Cygnes sauvages*, 1838.

Les articles définis

- *le, la, les, l', au* (= *à le*), *aux* (= *à les*), *du* (= *de le*), *des* (= *de les*).
- Ils sont placés devant un nom **précis** désignant un être ou une chose **connus** :
le vent, la Bretagne, les animaux.

Les articles indéfinis

- *un, une, des.*
- Ils sont placés devant un nom désignant un être ou une chose qui ne sont **pas précisés** :
un jour, une inconnue, des arbres.

4 * **Barrez les déterminants qui ne conviennent pas.**

1. [L'] [La] horrible sorcière retenait dans [un] [une] tour [la] [le] [l'] pauvre jeune fille.
2. Nous avons trouvé [les] [des] fraises [des] [du] bois. Nous les mangerons [au] [le] [du] dîner.

5 ** **Complétez ces phrases avec les articles qui conviennent. Soulignez les articles définis et entourez les articles indéfinis.**

1. Pendant .... guerre, ... population ne possédait pas .... objets les plus courants.
2. .... printemps, ... nature renaît, on entend partout .... chants d'oiseaux.
3. Je dois faire .... exercice difficile et j'aurais besoin d'......... dictionnaire.

- Les **articles partitifs** *(du, de la, de l', des)* désignent une **partie** d'un ensemble : *du sable, de la colle, des épinards.*

6 * **Complétez ces phrases avec les articles partitifs qui conviennent.**

du article partitif peut être remplacé par ***un peu de***.

1. Pour faire des crêpes, il faut .... lait, ... farine, quelques œufs et .... sucre.
2. Cette jeune femme a .... ambition et .... courage.
3. Si tu as faim, prends .... pain et .... rillettes. Voici un verre et .... eau.

- Les **déterminants démonstratifs**
ce, cet, cette, ces • ce...-ci, ce...-là, cet...-ci, cet...-là, cette...-ci, cette...-là, ces...-ci, ces...-là.
La particule ***-ci*** exprime ce qui est **proche**, la particule ***-là*** exprime ce qui est **éloigné**.
Cet hiver-là fut très froid. Je garde ce livre-ci pour le lire ce soir.
- Les déterminants démonstratifs désignent ce que l'on **montre** ou ce dont on **vient de parler**.

7 **Utilisez les démonstratifs qui conviennent.**

Un nom masculin commençant par une **voyelle** est toujours précédé de *cet*. Commençant par ***h***, il peut être précédé de *ce* ou *cet*.

* **a.** .... aventure • .... abri • .... hiver • .... histoire • .... hurlement • .... fourmis • .... hommes • .... hibou • .... effort • .... champs

** **b.** En .... temps-............... , la télévision n'existait pas. • Mes cousins arriveront .... jours- ....

- Les **déterminants possessifs**
mon, ton, son, ma, ta, sa, notre, votre, leur, mes, tes, ses, nos, vos, leurs.
Ils expriment souvent une possession : *mon chat, leur maison.*

8 **Complétez ces phrases avec les déterminants possessifs qui conviennent.**

* **a.** Sam a oublié .... stylos et .... règle. Je lui ai prêté .... affaires.

** **b.** 1. J'ai proposé à .... voisins de venir en promenade avec nous. Ils ont accepté et ont emmené .... enfants et .... chien.
2. J'admire .... jardin et .... fleurs : vous êtes doué(e) pour le jardinage !

J'utilise ce que j'ai appris...

POUR LIRE **9** **Complétez ce texte avec les déterminants qui conviennent.**

Dans .... mythologie, ... cyclopes étaient .... créatures fantastiques. C'étaient .... géants qui n'avaient qu'............ œil au milieu .... front. .... père était .... dieu Ouranos. Ils devinrent .... forgerons de Zeus et fabriquèrent .... foudre.

1 point par réponse juste ■ Ma note : .... / 10

POUR DIRE **10** **Écrivez cette phrase au tableau : *Achète du pain en revenant du collège.* Expliquez pourquoi le premier *du* est un article partitif et le deuxième un article défini contracté.**

POUR ÉCRIRE **11** **Vous vous réveillez dans un pays imaginaire, peuplé d'animaux bizarres. Racontez vos aventures. Une fois le devoir terminé, soulignez les déterminants.**

6 L'adjectif qualificatif

d'autres exercices numériques
bordas.media/733820_014

Mon objectif : reconnaître les adjectifs ; différencier les épithètes et les attributs

J'observe et je réfléchis

1 Un soir, le **petit** Kay grimpa sur une **haute** chaise et regarda tomber la neige. Un flocon **étincelant** atterrit sur une jardinière et devint une **belle** dame. Comme son voile **blanc** était fait de millions de flocons **étoilés**, il était **éblouissant**.

D'après Hans Christian ANDERSEN, *La Reine des neiges*, 1844.

Pour trouver ces noms, posez la **question** : *Qu'est-ce qui est ?* ou *Qui est-ce qui est ?* + l'adjectif.

a. **Soulignez les noms auxquels se rapportent les adjectifs en rouge.**

b. **Entourez le pronom auquel se rapporte l'adjectif en vert.**

c. **Relevez le verbe qui se trouve entre ce pronom et l'adjectif :** ....

d. **Relevez deux adjectifs au féminin :** .... ● ...., **et un adjectif au pluriel :** ....

J'apprends et je m'exerce

- L'**adjectif qualificatif** se rapporte à un **nom** ou à un **pronom** avec lequel il **s'accorde** en genre et en nombre : *Une rue silencieuse. Ils sont satisfaits.*

2 * **Complétez cette phrase en choisissant parmi les adjectifs proposés.**

petit | petite | petits | petites | vif | vive | vifs | vives

Les mulots sont de .... animaux très ....

3 ** **Complétez ces phrases avec les adjectifs proposés. N'oubliez pas de les accorder.**

surpris | éblouissant | heureux | bon

1. Elles ont appris la .... nouvelle. Elles sont .... et ....
2. Les rayons du soleil sont ....

- Un **participe passé** employé **sans auxiliaire** peut avoir la valeur d'un adjectif qualificatif : *des fleurs fanées, une œuvre connue, un tableau coloré.*

4 **Formez des GN en utilisant les participes passés des verbes entre parenthèses.**

* a. des sorbets .... *(parfumer)* ● une maison .... *(fleurir)*

** b. des fleurs .... *(offrir)* ● des leçons .... *(apprendre)*
les sommets .... *(apercevoir)* ● une lettre .... *(écrire)*

On dit « un adjectif épithète » et « **une** épithète ».

- L'adjectif fait partie du **groupe nominal** quand il se rapporte directement à un nom.
- C'est alors un **adjectif épithète**. Un nom peut avoir plusieurs épithètes : *un beau gâteau appétissant.*

5 * **Entourez les sept adjectifs épithètes et soulignez les cinq GN qui les contiennent.**

Kay était tiré par un grand traîneau. Il avançait à une vitesse folle. Les flocons ressemblaient à de véritables maisons blanches. Une grande femme mince conduisait le traîneau, ses voiles étaient d'une blancheur éblouissante : c'était la Reine des neiges.

D'après Hans Christian ANDERSEN, *La Reine des neiges*, 1844.

L'épithète peut être **avant** ou **après** le nom. Deux épithètes peuvent **encadrer** le nom.

6 ** **Réécrivez ce texte en complétant les noms soulignés avec des adjectifs épithètes de votre choix.**

Nous avançons sur un chemin de forêt. Parfois, nous nous arrêtions pour cueillir des mûres. Mais brusquement des nuages nous forcèrent à revenir au plus vite à la maison.

....

....

....

- L'adjectif fait partie du **groupe verbal** quand il se rapporte à un nom ou à un pronom par l'intermédiaire d'un **verbe d'état** *(être, paraître, sembler, devenir...)*.
- C'est alors un **adjectif attribut** : ***Elle semble contente.***

7 * **a. Reliez chaque nom ou pronom à l'adjectif correspondant.**

travail •	• satisfaite
arbres •	• épuisant
Elle •	• immenses

** **b. Composez trois phrases. Chacune d'elles contiendra un sujet (nom ou pronom) et un attribut. Vous utiliserez les verbes *être, devenir, paraître* et les mots ci-contre.**

Exemple : chien • craintif → *Ce chien est craintif.*

1. ....

2. ....

3. ....

J'utilise ce que j'ai appris...

POUR LIRE **8** Il portait un large chapeau de feutre noir, une jaquette noire, et une cravate noire. Il s'appuyait au bras de sa femme, et tenait de l'autre main une mince canne d'ébène, qui lui servait à faire des gestes en marchant.

Ses souliers étaient blancs de poussière et il paraissait fatigué.

Marcel PAGNOL, *Le Temps des secrets*, coll. Fortunio, Éditions de Fallois, © Marcel Pagnol, 2004.

a. Soulignez les adjectifs du 1er paragraphe et entourez les noms auxquels ils se rapportent.

b. Relevez les deux adjectifs de la dernière phrase. .... • ....

À quoi reconnaissez-vous qu'il s'agit d'attributs du sujet ? ....

....

POUR DIRE **9** **Donnez la fonction complète (épithète du nom..., attribut du sujet...) des adjectifs soulignés.**

Ce passionnant roman policier a pour héros un détective malin et sympathique.

Il est jeune, ses cheveux sont roux et toujours en broussaille.

POUR ÉCRIRE **10** **a. Imaginez un récit, à partir de ces trois noms : *cabane, homme, chien.***

b. Précisez ces noms avec un ou deux adjectifs épithètes.

c. Utilisez au moins un adjectif attribut.

Autoévaluation

	Oui	Non
J'ai utilisé les 3 noms dans mon récit.		
J'ai précisé les noms avec au moins une épithète.		
J'ai utilisé au moins un attribut.		
J'ai rédigé un récit bien construit.		

J'ai obtenu :
- **1 oui** = Je revois la leçon.
- **2 oui** = Je dois faire des efforts.
- **3 oui** = C'est bien.
- **4 oui** = Bravo !

Dans tous les cas, je relis mon brouillon et perfectionne mon récit.

7 Les pronoms personnels

d'autres exercices numériques
bordas.media/733820_016

Mon objectif : identifier et utiliser les pronoms personnels

J'observe et je réfléchis

1 SABINE. – **Je** songe à une chose : si **vous** faisiez habiller votre valet en médecin ?

VALÈRE. – C'est un lourdaud qui gâtera tout ; mais il faut s'en servir, faute d'autre. Adieu, **je** vais le chercher.

MOLIÈRE, *Le Médecin volant*, 1645.

a. Indiquez le prénom qui correspond aux pronoms personnels en rouge.

Je : .... • *vous* : .... • *je* : ....

b. Par quel groupe nominal pourrait-on remplacer *le* dans la dernière phrase ?

Adieu, je vais le chercher. → Adieu, je vais chercher ....

J'apprends et je m'exerce

• La forme des **pronoms personnels** varie en personne, en genre, en nombre et en fonction :

	sujet		complément	
	singulier	pluriel	singulier	pluriel
1re personne	je, j'	nous	me, m', moi	nous
2e personne	tu	vous	te, t', toi	vous
3e personne	il, elle	ils, elles	le, la, l', lui, elle se, s', soi	les, eux, elles, leur se, s'

2 ** **Complétez ces phrases avec les pronoms personnels qui conviennent.**

Pour trouver les bons pronoms, il faut chercher des **indices** dans le reste de la phrase.

1. Puisque .... aimes les cerises, ... peux .... manger toutes.
2. .... vous recevrons avec plaisir. Quand arriverez-................ ?
3. Tes camarades .... attendent. Pars vite avec ....
4. Où sont mes ciseaux ? .... cherche depuis une heure.
5. .... me préviendras, quand .... seront arrivées.

• Les pronoms personnels de la **1re personne** *(je, me, nous,…)* désignent la personne **qui parle** : l'**énonciateur**.

• Les pronoms de la **2e personne** *(tu, te, vous…)* désignent la personne **à qui l'on s'adresse** : le **destinataire**. *Je te félicite. Nous vous avertirons.*

3 ** **Dans le texte suivant, soulignez les pronoms qui correspondent à Sam et entourez ceux qui correspondent à Léa.**

« Comme tu as grandi, Sam, je te reconnais à peine ! Je me demandais si c'était bien toi.
— Toi aussi, Léa, tu as beaucoup changé, je trouve.
— Habites-tu toujours au même endroit ? Moi, je vais bientôt déménager.
— Si tu me donnes ton adresse, je viendrai te voir.
— J'en serai très heureuse, mais tu devras venir en Angleterre ! »

4 ✱ **Complétez ces phrases avec des pronoms de la 1re ou de la 2e personne.**

1. Tiens, prends ce cadeau, il est pour ....
2. .... avons déjeuné avec Tom et Inès, et ils .... ont proposé d'aller au cinéma.
3. Ne répétez à personne ce que .... vais .... dire. Promettez-le-............... .

le, la, les sont des **pronoms personnels** quand ils sont suivis d'un **verbe**. Ce sont des **articles définis** quand ils sont suivis d'un **nom** ou d'un GN.

- Les pronoms de la 3e personne *(il, elle, le, les, leur…)* **remplacent** un mot ou un groupe de mots déjà utilisé dans le texte. Ils permettent d'éviter les répétitions.
*Clara ne trouve plus son chat. **Elle le** cherche.*

5 ✱ **Réécrivez les phrases en remplaçant les mots soulignés par des pronoms.**

1. La neige recouvre les toits. ....
2. Nous écoutons le conférencier. ....
3. Mes sœurs ne sortent jamais sans leur téléphone.

....

6 ✱ **Soulignez les pronoms *le, la, l', les* et entourez les articles *le, la, l', les*.**

1. « Où sont les biscuits ? » « Ne les cherche pas, nous les avons mangés. »
2. Le succès de notre entreprise dépend de la bonne volonté de chacun, ne l'oublie pas.
3. La porte grince, ferme-la.

Pour trouver la **fonction** d'un pronom, on le **remplace** par un mot ou un groupe de mots correspondant et on cherche quelle serait sa fonction.

- Les pronoms personnels ont les mêmes **fonctions** que les **noms**.
Nous attendons le bus. → Nous l'attendons.
sujet COD

7 **Soulignez les pronoms sujets et entourez les pronoms compléments.**

✱ a. 1. Je t'entends mais je ne te vois pas.
2. Sont-ils revenus ? Je ne les ai pas vus.

✱✱ b. 3. Nous vous attendions plus tôt. Où étiez-vous ?
4. Ils sont partis avec elles, nous les rejoindrons bientôt.

J'utilise ce que j'ai appris…

POUR LIRE **8** Jadis, le jeune prince Valentin tomba amoureux de Rosine, la fille d'un berger. En réalité, elle était fille de roi, mais un enchanteur l'avait enlevée à ses parents. Il l'avait confiée au berger, en lui disant : « Prends soin d'elle. Un jour, je viendrai la reprendre. »

a. **Encadrez les pronoms personnels du texte.** .... /8

b. **Dans la phrase soulignée, indiquez si les pronoms personnels sont sujet ou complément.** .... /2

....

Ma note : .... / 10

POUR DIRE **9** **Écrivez au tableau la liste des pronoms personnels.**
Proposez tous une phrase contenant un pronom, en suivant l'ordre de la liste.

POUR ÉCRIRE **10** **Imaginez une suite au texte de l'exercice 8.**
Prévoyez quelques répliques de dialogue. Soulignez les pronoms.

Évaluation

8 La nature des mots

Mon objectif : évaluer mes connaissances sur les différentes natures de mots

Je récapitule mes connaissances

1 J'associe chaque classe de mots à sa définition.

verbe •	• désigne un être ou une chose, peut être commun ou propre
nom •	• précède un nom et indique son genre et son nombre
déterminant •	• précise une caractéristique d'un nom et s'accorde avec lui
pronom •	• exprime une action ou un état, s'accorde avec le sujet
adjectif •	• remplace un nom ou un GN pour éviter une répétition

2 Je complète le schéma sur les classes de mots variables.

Les classes de mots variables

Les noms

a. **communs :** pomme, artiste, ……

b. …… : Europe, Molière, ……

Les verbes

a. …… : partir, ……

b. **d'état :** ……

Les pronoms

a. **personnels :** je, tu, me, se, ……

b. …… : celui, cela ……

c. **possessifs :** le mien, ……

Les déterminants

a. **articles :** le, la, ……

b. **déterminants démonstratifs :** ce, cette, ……

c. **déterminants** …… : mon, ma, ……

Les ……

grand(e), habile, ……

Je teste mes connaissances

3 Je donne la nature de chaque mot souligné.

1. Un devoir <u>facile</u>. ……
2. J'ai fait ce devoir avec <u>facilité</u>. ……
3. Un dictionnaire <u>facilite</u> le travail. ……
4. Tu réussiras <u>facilement</u>. ……
5. Ce chemin est plus <u>court</u>. ……
6. Un lièvre <u>court</u> très vite. ……
7. Tu dois être <u>prudent</u>. ……
8. Viens <u>souvent</u> nous voir. ……
9. <u>Son</u> frère ……
10. Un <u>son</u> strident. ……

1 point par réponse juste ■ Ma note : …… / 10

J'applique mes connaissances…

POUR LIRE 4

Autrefois le Rat de ville
Invita le Rat des champs,
D'une façon fort civile[1],
À des reliefs[2] d'Ortolans[3].

Sur un Tapis de Turquie
Le couvert se trouva mis.
Je laisse à penser la vie
Que firent ces deux amis.

Le régal fut fort honnête,
Rien ne manquait au festin
Mais quelqu'un troubla la fête
Pendant qu'ils étaient en train.

La Fontaine,
Le Rat de ville et le Rat des champs, 1668.

1. Civile : très aimable et raffinée.
2. Reliefs : restes.
3. Ortolan : oiseau à la chair délicieuse.

Première strophe

1. **Relevez les 2 GN désignant les personnages.** 2 points

……………………………………………………………………………………

2. **Relevez les 2 noms qui indiquent leur différence.** 2 points

……………………………………………………………………………………

Deuxième strophe

3. **Relevez un déterminant démonstratif et indiquez la nature des autres déterminants de la 2e strophe.** 3 points

……………………………………………………………………………………

4. **Quel nom nous renseigne sur les relations entre les rats ?** 1 point

……………………………………………………………………………………

5. **Relevez un pronom personnel. Désigne-t-il un des deux rats, le narrateur de l'histoire ou le lecteur ?** 3 points

……………………………………………………………………………………

Troisième strophe

6. **Relevez les groupes verbaux dont les verbes *fut*, *manquait* et *troubla* sont les noyaux.** 3 points

……………………………………………………………………………………

7. **Relevez une conjonction de coordination.** …………………………………… 2 points

8. **Quels noms désignent le *repas* ? Sont-ils valorisants ou dévalorisants ?** 4 points

……………………………………………………………………………………

Ma note : ………… / 20

POUR DIRE 5 [par groupes de deux] *le Rat de ville et le Rat des champs*

Jouez la scène évoquée par les 3 strophes ci-dessus, en improvisant de nombreuses répliques.

Évaluation collective : **7 points** : respect des faits racontés dans la fable
7 points : intérêt des répliques improvisées
6 points : jeu des acteurs

Notre note : ………… / 20

POUR ÉCRIRE 6 Imaginez qui a pu troubler la fête des deux amis et ce qui est arrivé.

1. Commencez votre récit par l'arrivée du trouble-fête. 2 points
2. Construisez le récit par étapes jusqu'à une situation finale. 6 points
3. Utilisez des GN contenant des adjectifs qui décriront le trouble-fête et exprimeront les sentiments éprouvés par les rats. 6 points
4. Utilisez des verbes qui préciseront les actions des rats. 6 points

Ma note : ………… / 20

Évaluation des compétences travaillées

➥ Maîtriser la forme des mots en lien avec la syntaxe	Ma note globale : ……… / 70 ■ Entre 0 et 17 : maîtrise insuffisante. ■ Entre 18 et 35 : maîtrise fragile. ■ Entre 36 et 53 : maîtrise satisfaisante. ■ Entre 54 et 70 : très bonne maîtrise.

Reportez les résultats de l'évaluation p. 128.

9 Préparation à la dictée

Qui sont Romulus et Rémus ?

Mon objectif : mettre en pratique mes connaissances d'orthographe grammaticale et lexicale

1. Je prépare la dictée

Orthographe grammaticale

1. Complétez les mots en gras, après les avoir remplacés mentalement par un verbe du 3e groupe *(partir, prendre...)*, et choisissez entre les terminaisons *é(s)*, *ée(s)* et *er*.

Il a été **raccompagn**......... par un camarade. Sans lui, il n'aurait pas pu **rentr**......... chez lui.

2. Revoyez page 86 comment on distingue *la*, *l'a*, *l'as*, *là* et complétez ces phrases.

.... clé est dans cette boîte. C'est mon père qui .... rangée......... .

3. Revoyez page 84 comment on distingue *a* et *à* et complétez cette phrase.

Le chien .... sa niche .... côté de la maison.

4. Le pronom personnel *les* n'est jamais sujet du verbe. Complétez les verbes en gras.

Elle aperçoit ses amies, elle les **appell**......... et les **invit**......... chez elle.

Conjugaison

5. Conjuguez le verbe *vouloir* au présent (→ pp. 51 à 53).

je .... tu .... il, elle ....

nous .... vous .... ils, elles ....

Orthographe lexicale

6. Complétez ces mots avec la (ou les) lettre(s) qui manque(nt).

déba......asser • c......eillir • tr......ne • flo......er

2. J'écris la dictée

....

....

....

....

....

....

....

....

3. Je corrige mes fautes

Distinguez les fautes d'**accord**, de **conjugaison** et d'orthographe d'**usage**.

....

....

....

....

....

....

J'évalue ma dictée

2 points par faute de grammaire ou de conjugaison, 1 point par faute d'usage, 0,5 point par faute de ponctuation, d'accent d'usage, de majuscule.

Ma note : .... **/20**

10 Méthode
Comment trouver la fonction d'un mot ou d'un groupe de mots ?

Mon objectif : savoir identifier la fonction des mots pour comprendre leur rôle dans la phrase

La recherche de la fonction d'un mot dépend de sa nature.

1. Quand je cherche la fonction d'un nom, d'un GN ou d'un pronom, j'observe :

- si le mot répond à la question ***Qui (Qu') est-ce qui ?* + verbe**,
  → c'est un **sujet** : *Le vent souffle fort.*
- s'il est placé **après** un **verbe d'état** et renvoie au **sujet**,
  → c'est un **attribut du sujet** : *Son père est un champion.*
- s'il **complète** un **verbe**,
  → c'est un **complément d'objet** : *Elle porte un grand sac.*
- s'il **complète** la **phrase** et répond aux questions ***Quand ? Où ? Comment ?...***
  → c'est un **complément circonstanciel** : *Demain, nous partons.*

Je vérifie si j'ai compris

1. Je classe les mots soulignés en *sujet*, *attribut*, *complément*.

En hiver, la neige recouvre parfois le sol. Le froid est vif, mais nous jouons quand même.

sujet	attribut	complément
....	....	....
....	....	....

2. Quand je cherche la fonction d'un adjectif, j'observe :

- si l'adjectif est juste **avant** ou **après** le nom,
  → c'est une **épithète** : *Un grand cheval noir.*
- si l'adjectif est séparé du **sujet** par un **verbe d'état**,
  → c'est un **attribut du sujet** : *Le grand parc est calme.*
  (grand : épithète ; calme : attribut)

Je vérifie si j'ai compris

2. Je classe les adjectifs soulignés en *épithète* et *attribut*.

Ce nouveau roman semble passionnant. Il a une jolie couverture. Son auteur est célèbre.

épithète	attribut
....	....
....	....

En résumé

La **fonction** d'un mot dépend :
- de sa **nature**,
- du **rôle** qu'il joue par rapport au **verbe**, à la **phrase** ou à un **nom**.

Vérifiez que vous avez bien compris en complétant la fiche imprimable.

bordas.media/733820_021

11 L'épithète

d'autres exercices numériques
bordas.media/733820_022

Mon objectif : identifier et utiliser les épithètes

J'observe et je réfléchis

1 Connaissez-vous la **curieuse** légende de Narcisse ?
Fils d'une rivière et d'un fleuve,
Narcisse était un **beau** garçon **orgueilleux**…

a. **Relevez les deux groupes nominaux dans lesquels figurent les adjectifs en rouge.**

.... • ....

b. **Soulignez les noms auxquels se rapportent ces adjectifs.**

c. **Relisez mentalement les phrases en supprimant les adjectifs.**

J'apprends et je m'exerce

- L'**adjectif** épithète qualifie un **nom** à côté duquel il est placé.
L'épithète est un **constituant** du **groupe nominal**. C'est une **expansion du nom**.
*Un soleil **généreux*** (GN) *éclaire la campagne.* → ***généreux*** : épithète du nom ***soleil***.

2 * **Soulignez les adjectifs épithètes. Entourez les noms qu'ils qualifient.**

Un jour, Narcisse voulut se désaltérer dans les eaux limpides d'une source. Tandis qu'il se penchait, il aperçut son reflet dans l'eau et fut ébloui par la beauté du personnage dont il apercevait l'image charmante dans l'eau claire. Il admirait ses traits fins, ses cheveux bouclés, ses yeux éclatants. Ce qu'il voyait était le reflet de lui-même, une image mensongère.

D'après Ovide, *Métamorphoses*, Ier s.

3 **Soulignez les adjectifs épithètes et mettez entre crochets les GN qui les contiennent.**

S'il y a un **verbe** entre le nom et l'adjectif, celui-ci n'est pas une épithète.

* **a. 1.** On nous a raconté une vieille légende bretonne.
2. Un vent violent et glacé s'engouffre dans les rues désertes.

** **b. 3.** Sur les terres arides des hauts plateaux, l'eau est précieuse.
4. Tu sembles mécontente, cette plaisanterie stupide t'a contrariée.

4 * **Réécrivez la phrase en précisant les noms en gras avec des adjectifs épithètes.**

Une **affiche** égaie un mur de sa **chambre**.

....

- Une épithète est un **adjectif qualificatif** ou un **participe passé** employé comme adjectif.
*Il cherche un papier **égaré**.* → ***égaré*** : participe passé, épithète du nom ***papier***.

5 **Relevez les épithètes. Cochez la case correspondant à leur nature.**

* **1.** On entend des bruits étranges dans la forêt sombre.

.... adjectif ☐ part. passé ☐ .... adjectif ☐ part. passé ☐

** **2.** Un violent orage éclata brusquement sur la ville endormie.

.... adjectif ☐ part. passé ☐ .... adjectif ☐ part. passé ☐

- La **place** de l'épithète est **variable**. Elle peut suivre ou précéder le nom. Cependant, certains adjectifs ont un **sens différent** selon qu'ils sont placés **avant** ou **après** le nom.
  Un homme grand (haut de taille) / *Un grand homme* (admirable)

6 Employez chaque GN dans une phrase où apparaîtra clairement le sens de l'adjectif.

* a. une petite sœur : ……………………………………………

une sœur petite : ……………………………………………

** b. un garçon curieux : ……………………………………………

……………………………………………

un curieux garçon : ……………………………………………

……………………………………………

- Un nom peut être qualifié par **plusieurs** épithètes. Dans ce cas, elles sont séparées l'une de l'autre par une **virgule** ou reliées par une **conjonction de coordination** : *et, ou, ni.*
  Nous avons vu un film intéressant, drôle et émouvant.

7 * **Complétez chaque phrase avec trois épithètes des noms soulignés.**

1. Ils veulent acheter une voiture ……………………………………………
2. Mon chat a une fourrure ……………………………………………
3. Il fallut écouter un discours ……………………………………………

J'utilise ce que j'ai appris…

POUR LIRE 8 Narcisse resta pendant des jours à contempler l'image merveilleuse qu'il apercevait dans l'eau. Vainement, il essayait de saisir ce reflet trompeur. Couché sur l'herbe épaisse, il en oubliait de manger et de dormir. Il mourut épuisé. Son corps disparut et à sa place on trouva une fleur au cœur jaune qu'entouraient des pétales blancs. Narcisse s'était métamorphosé en une belle fleur : en narcisse.

D'après OVIDE, *Métamorphoses*, Ier s.

Soulignez les épithètes et entourez les noms qu'elles qualifient.

POUR DIRE 9 [en groupe] **Préparez le portrait d'un animal fabuleux. Chaque élève propose un nom qui désigne une de ses caractéristiques, accompagné d'une ou de plusieurs épithètes. À la fin, quelques élèves décrivent l'animal, en utilisant les GN les plus intéressants.**

POUR ÉCRIRE 10 a. **Observez ce qui vous entoure et faites une liste de cinq noms.**
b. **Créez des GN avec chaque nom et une ou plusieurs épithètes.**
c. **Employez ces GN dans un paragraphe où vous décrirez votre environnement.**

Autoévaluation

	Oui	Non
J'ai respecté les 3 étapes du devoir.		
Chaque GN contient au moins une épithète.		
J'ai remplacé les adjectifs banals par d'autres plus précis.		
J'ai vérifié la correction de mes phrases.		

J'ai obtenu :
- **1 oui** = Je refais le devoir.
- **2 oui** = Je dois faire des efforts.
- **3 oui** = C'est bien.
- **4 oui** = Bravo !

12 Le complément du nom

➕ d'autres exercices numériques
bordas.media/733820_024

Mon objectif : identifier et utiliser les compléments du nom

J'observe et je réfléchis

1 La porte **de la rue** cria sur ses gonds ; de grands pieds firent craquer l'escalier **de bois** et le maître **de la maison**, traversant la salle **à manger**, se précipita aussitôt dans son cabinet **de travail**.

Jules VERNE, *Voyage au centre de la Terre*, 1864.

a. La phrase conserve-t-elle un sens, sans les mots en gras ? ....

b. Surlignez les mots sur lesquels les mots en gras donnent un renseignement.

c. Quelle est la classe grammaticale de ces mots ? ....

J'apprends et je m'exerce

- Le **complément du nom** (CDN) est un mot ou un groupe de mots qui **complète un nom.** Il ne peut pas exister dans la phrase sans le nom qu'il complète.

  *Les arbres **de la forêt** sont touffus.*
  (arbres : nom ; de la forêt : CDN)

- Il est donc un constituant du **groupe nominal**, comme l'adjectif épithète.

  *Les grands arbres **de la forêt**.* (GN)
  (grands : épithète ; arbres : nom ; de la forêt : CDN)

2 ✱ **Associez chaque nom souligné de la série a. avec son complément de la série b.**

a. la crinière • un pique-nique • un chauffage • des exercices

b. en forêt • de grammaire • du lion • au gaz

....

....

3 ✱✱ **Surlignez les compléments des noms en gras et soulignez les GN qui les contiennent.**

1. Un **professeur** de mon collège a ouvert un **club** de théâtre.
2. Un **pont** en pierres enjambe les **eaux** tumultueuses de la rivière.
3. Les **moustaches** du chat lui servent de **détecteurs** de danger.

- Le complément du nom **suit** le nom qu'il complète. Il est généralement relié à ce nom par une **préposition** *(à, de, en, avec, sans, pour…)* : *un abri **pour les oiseaux**.*
- Attention ! La préposition peut être contractée avec un article défini *(au = à + le • aux = à + les • du = de + le • des = de + les)* : *un cake **aux fruits**.*

4 ✱ **Soulignez les CDN. Entourez la préposition qui les relie au nom.**

un chemin de terre • une tasse en porcelaine • les voyages par avion • un manteau pour l'hiver • le vaccin contre la grippe • une dictée sans fautes • une maison avec jardin.

5 ✱ **Complétez ces phrases avec les prépositions qui conviennent. Soulignez les CDN.**

1. Ce que tu entends, c'est le cri .... la chouette.
2. Les dessins animés sont de bons films .... les enfants.
3. Elle est obligée de faire un régime .... sel.
4. En Scandinavie, on voit beaucoup de maisons .... bois.

6 **Complétez les noms en gras par un CDN. Soulignez le GN qui le contient.**

1. L'âne portait deux gros **paniers** ....
2. Le **jardin** .... est orné de **massifs** ....
3. On aperçoit un **nid** .... sur la **branche** ....

- Un complément du nom peut être un **nom**, un **GN**, un **pronom**, un **infinitif**… :
un champ de blé (nom) • *le nom de ceci* (pronom) • *le plaisir de lire* (infinitif).

7 **Soulignez les CDN et reliez-les à leur nature.**

1. Nous étudions une pièce de Molière. •	• GN
2. Je n'ai pas eu le temps de finir. •	• pronom
3. Elle rêve d'un voyage dans un pays très lointain. •	• nom
4. Une bonne journée est une journée avec toi ! •	• infinitif

- Le complément du nom apporte une **information** sur le nom :
Les vacances d'été (temps) • *Les vacances à la montagne* (lieu)

8 **Soulignez les CDN et indiquez quelle sorte d'information ils apportent sur les noms en gras : temps, lieu, possession.**

1. Le **littoral** de Bretagne subit de fortes marées. (..........)
2. L'**ordinateur** de mon frère est en panne. (..........)
3. Le **mois** de février est le plus court de tous. (..........)

J'utilise ce que j'ai appris…

POUR LIRE **9** *L'Appel de la forêt* est un célèbre **roman** de l'écrivain américain Jack London. Il raconte l'**histoire** de Buck, un chien qui avait été volé à son maître puis revendu à un **trafiquant** de chiens de traîneau. Buck connut alors de terribles épreuves : le dur **climat** de l'Alaska, la **brutalité** des hommes, les **rivalités** entre chiens. Il réussit à s'imposer et à se faire respecter par les autres **chiens** de la meute. Devenu libre, il finira par partager la vie d'une meute de loups.

a. **Surlignez les CDN des noms en gras.** ..../4

b. **Soulignez les GN dont les noms en gras sont les noyaux.** ..../4

c. **Dans la dernière phrase, un CDN contient un autre CDN. Relevez ces deux CDN et indiquez les noms qu'ils complètent.** ..../2

....

....

0,5 point par réponse juste à a. et b. ■ Ma note : .... / 10

POUR DIRE **10** **Dressez, au tableau, une liste de noms. Proposez tous un GN contenant un de ces noms et un CDN. Variez les prépositions.**

POUR ÉCRIRE **11** **Développez ces phrases en complétant les noms soulignés avec des CDN.**

Quand ils arrivèrent sur cette planète inconnue, ce qui les surprit d'abord, ce furent des <u>maisons</u> et des <u>arbres</u>. Les êtres qui l'habitaient avaient de drôles de <u>vêtements</u> et ils circulaient dans de petits <u>véhicules</u>.

13 Le sujet

d'autres exercices numériques
bordas.media/733820_026

Mon objectif : identifier les sujets des verbes ; connaître leur nature

J'observe et je réfléchis

1 Quand le petit prince arriva sur Terre, il rencontra un renard.
« Apprivoise-moi », lui dit le renard.

a. **Soulignez les verbes.**
b. **Qui fait l'action d'arriver ?** ....
c. **Qui fait l'action de dire ?** ....
d. **Quelle est la classe grammaticale de *il* ?** ....
e. **Quel verbe n'a pas de sujet exprimé ?** ....

J'apprends et je m'exerce

Les verbes à l'**impératif** n'ont pas de sujet exprimé : *Viens !*

- Le **sujet** (S) est l'être ou la chose **dont on parle** dans la phrase.
Le plus souvent, il fait l'**action** exprimée par le verbe ou se trouve dans l'**état** exprimé par le verbe (V).
Les enfants (S) ***parviennent*** (V) *sur la plage. La mer* (S) ***est*** (V) *calme.*

2 ** a. **Entourez les verbes conjugués.** b. **Puis soulignez les sujets.**

On trouve le **sujet** en posant la **question** : *Qui est-ce qui ?* ou *Qu'est-ce qui ?* suivie du verbe

1. Une grande cheminée occupait le centre de la pièce.
2. Depuis plus d'un siècle, ce magasin appartient à la même famille.
3. Toi et moi avons obtenu les meilleures notes.
4. Faire du sport est parfois fatigant, mais cela nous maintient en forme.
5. Pierre deviendra un champion, il l'affirme sans cesse.
6. Qui vient avec moi ?
7. Où es-tu ? Je ne te vois pas.

- Le sujet a des **natures variées** : il peut être un nom, un groupe nominal (GN), un pronom, un infinitif, un groupe infinitif…
Chloé (nom) ***lit*** *dans le jardin. Elle* (pronom) ***aime*** *les romans d'aventures. Lire des romans* (groupe infinitif) ***est*** *un plaisir.*

3 * **Soulignez les cinq sujets et indiquez leur nature.**

1. La lettre expédiée de Nice est arrivée un mois après. ....
2. J'aperçois Alexis, il vient vers nous. .... / ....
3. En hiver, l'étang est parfois gelé. ....
4. Nager est mon activité préférée en vacances. ....

4 ** **Complétez ces phrases avec un sujet de la nature indiquée.**

1. (GN) .... ouvrira ses portes bientôt.
2. (pronom) .... rencontrerez ce jour-là mes cousins.
3. (infinitif) .... me paraît raisonnable.
4. (nom propre) .... est un auteur de fables célèbre.

L'inversion du sujet se rencontre souvent dans des phrases **interrogatives**.

- Le plus souvent, le sujet est placé **avant** le verbe. Mais il arrive parfois qu'il soit placé **après** le verbe. On dit alors que le sujet est **inversé** ou qu'il y a **inversion** du sujet.
  À l'horizon se forment de gros nuages noirs. Peut-être devrions-nous rentrer.
  (se forment : V ; de gros nuages noirs : S ; devrions : V ; nous : S)

5 ** **Surlignez les sujets placés avant le verbe et entourez les sujets inversés.**

— Bonjour, dit le renard.
— Bonjour, répondit poliment le petit prince qui se retourna mais ne vit rien.
— Je suis là, dit la voix, sous le pommier. [...]
— Viens jouer avec moi, lui proposa le petit prince. Je suis tellement triste...

Antoine de Saint-Exupéry, *Le Petit Prince*, 1943, © Gallimard, 1993.

- Le verbe s'accorde en **nombre** et en **personne** avec le sujet. (→ p. 78)
  Elle parle. Nous parlons. Même les perroquets parlent.

6 * **a. Mettez les verbes entre parenthèses au présent de l'indicatif, en les accordant avec leur sujet. b. Soulignez les sujets. Attention ! Certains sont longs.**

1. Un géranium et un dahlia *(garnir)* .... la jardinière. Je les *(arroser)* .... souvent.
2. *(être)* ....-nous dans la bonne direction ?
3. Un livre de contes et de légendes *(se trouver)* .... sur mon bureau.
4. En Amazonie *(vivre)* .... des espèces animales inconnues de nos régions.

J'utilise ce que j'ai appris...

POUR LIRE **7**

— Tu n'es pas d'ici, dit le renard, que cherches-tu ?
— Je cherche les hommes, dit le petit prince. [...]
Mais le renard revint à son idée :
— Ma vie est monotone. Je chasse les poules, les hommes me chassent. Toutes les poules se ressemblent, et tous les hommes se ressemblent. Je m'ennuie donc un peu. Mais, si tu m'apprivoises, ma vie sera comme ensoleillée.

Antoine de Saint-Exupéry, *Le Petit Prince*, 1943, © Gallimard, 1993.

Entourez les verbes conjugués et soulignez leurs sujets.

POUR DIRE **8** [par équipe] **Une équipe propose un groupe verbal (verbe + complément ou attribut). Chaque membre d'une autre équipe propose successivement un sujet possible pour ce groupe verbal.**

POUR ÉCRIRE **9** **Le petit prince et le renard deviennent amis. Racontez une de leurs journées. Soulignez les sujets. Variez leur nature.**

Une fois le brouillon terminé, repérez chaque **verbe** et posez la bonne question pour trouver son **sujet** (sauf pour les impératifs). Vérifiez les accords.

Autoévaluation

	Oui	Non
Le petit prince et le renard sont les héros du récit.		
J'ai raconté une journée du début à la fin.		
J'ai posé les bonnes questions pour souligner les sujets.		
J'ai varié la classe grammaticale des sujets.		

J'ai obtenu :
■ **1 oui** = Je refais le devoir. ■ **2 oui** = Je dois faire des efforts.
■ **3 oui** = C'est bien. ■ **4 oui** = Bravo !

14 L'attribut du sujet

d'autres exercices numériques
bordas.media/733820_028

Mon objectif : **identifier les attributs du sujet ; connaître leur nature ; comprendre leur construction**

J'observe et je réfléchis

1 La marraine de Cendrillon était une fée. Grâce à sa baguette magique, une simple citrouille devint un somptueux carrosse. Cendrillon était émerveillée.

a. **Répondez à ces questions : Qui était une fée ?** ……………………

Qu'est-ce qui devint un somptueux carrosse ? ……………………

Qui était émerveillée ? ……………………

b. **Quelle est la fonction des deux GN et du nom propre relevés ?** ……………………

c. **Entourez les verbes.**

J'apprends et je m'exerce

Entre le sujet et son attribut, on peut établir une relation d'**égalité** :
Léo est délégué
→ *Léo = délégué* (attribut).

- L'**attribut du sujet** exprime une **qualité** ou une **caractéristique** « attribuée » au sujet par l'intermédiaire d'un **verbe**.

Le nénuphar (sujet) *est* *une plante aquatique.* (attribut du sujet)

2 * **Reliez chaque attribut à son sujet et au verbe qui l'introduit.**

Son passe-temps favori •	• **était** •	• un félin.
Le contrôle de ce matin m' •	• **a paru** •	• éblouissant.
L'éclairage •	• **est** •	• la pêche.
Le chat •	• **est** •	• facile.

3 * **Soulignez les sujets et surlignez les attributs du sujet. Entourez les verbes.**

1. Ce petit homme discret est un grand scientifique.
2. Malgré sa mauvaise réputation, l'âne est un animal très malin.
3. Leur nouvelle maison leur paraissait un château, en comparaison de l'ancienne.

4 ** **Parmi les GN en gras, soulignez les trois qui sont des attributs du sujet.**

1. Sophie deviendra peut-être un jour **danseuse étoile**. Elle est **à l'Opéra**.
2. Malgré ses succès, Marc est resté **un garçon modeste**. Il demeure **près de chez moi**.
3. Alice est **ma meilleure amie**. En ce moment, elle est malade, elle reste **au chaud**.

- L'attribut du sujet est un **constituant essentiel du groupe verbal**. On ne peut donc pas le supprimer.

5 * **Mettez entre crochets les adjectifs épithètes qui peuvent être supprimés. Soulignez les adjectifs attributs qui ne peuvent pas être supprimés.**

Hercule était fort et courageux. Grâce à cette force prodigieuse, il a accompli douze travaux qui sont restés célèbres. Il a inspiré des cinéastes réputés et des auteurs de livres pour enfants. Il est même, parfois, un personnage amusant de B.D.

- L'attribut du sujet a des **natures variées** : adjectif, nom, GN, pronom, infinitif, groupe infinitif…
*Son plus grand plaisir est **de jardiner**.* (infinitif)

6 * **Soulignez les attributs du sujet et donnez leur nature.**

1. Cette pousse est petite mais elle deviendra un grand arbre. ……………………
2. Crier n'est pas chanter. ……………………

7 ** **Complétez ces phrases avec des attributs de la nature indiquée.**

1. Cet outil s'appelle ……………………. (GN)
2. Ma meilleure amie est ……………………. (nom propre)
3. Mon objectif est de/d'……………………. (infinitif ou groupe infinitif)

Les verbes *être*, *demeurer* et *rester* ne sont **pas toujours** des verbes **attributifs**.

- Les **verbes attributifs** (ceux qui introduisent un attribut) sont le plus souvent des **verbes d'état** : *être, paraître, sembler, devenir, demeurer, rester*.

8 * **a. Complétez ces phrases avec ces verbes attributifs :**

deviendra s'appelle demeura

b. Soulignez les attributs du sujet.

1. Malgré nos prières, il ……………………inflexible.
2. Le poussin duveteux ……………………un coq agressif.
3. Cet arbuste ……………………un seringat.

J'utilise ce que j'ai appris…

POUR LIRE 9 Une veuve avait deux filles ; l'aînée était semblable à sa mère par l'humeur et le visage, si bien que qui la voyait voyait la mère. Elles étaient toutes deux si désagréables qu'on ne pouvait vivre avec elles. La cadette était le vrai portrait de son père, pour la douceur et l'honnêteté, elle était une des plus belles filles qu'on eût su voir. Comme on aime naturellement son semblable, cette mère était folle de sa fille aînée et, en même temps, détestait la cadette.

Charles PERRAULT, *Les Fées*, 1697.

Soulignez les 5 attributs et entourez les 5 sujets auxquels ils se rapportent.

1 point par réponse juste ■ Ma note : …………/ 10

POUR DIRE 10 **Expliquez pourquoi les mots en gras des phrases 2 et 3 sont des attributs du sujet, et pourquoi ceux des phrases 1 et 4 n'en sont pas.**
Cherchez et proposez d'autres exemples de phrases proches.

1. Je suis **dans ma chambre**. 2. Je suis **un peu étourdi**.
3. Il est resté **immobile**. 4. Il est resté **trois jours** avec nous.

POUR ÉCRIRE 11 **Choisissez un personnage célèbre, une plante, un animal et un objet.**
Puis rédigez une définition de chacun d'eux en utilisant un verbe attributif et un attribut.
Soulignez les attributs.

Ne vous contentez pas de recopier une définition trouvée dans un dictionnaire ou sur Internet. Formulez **vous-même** la définition.

15 Les compléments d'objet

d'autres exercices numériques
bordas.media/733820_030

Mon objectif : identifier les compléments d'objet ; distinguer les COD et les COI

J'observe et je réfléchis

1 1. Nous demandons **notre chemin.**

2. Tu ressembles **à ma sœur.**

Relisez les phrases sans les compléments en gras.

Sont-elles acceptables ? ....

2 **Entourez la préposition qui relie le verbe à certains compléments.**

Je progresse **en anglais.** • Nous faisons **nos bagages.** • Tu rêves **de devenir acrobate.**

J'apprends et je m'exerce

- Un **complément d'objet** est un mot ou un groupe de mots qui **complète un verbe** en apportant des **informations** sur lui. *Nous cueillons des fraises.* (verbe : *cueillons* ; c. d'objet : *des fraises*)
- Il est donc un **constituant essentiel** du **groupe verbal**, comme l'attribut.
Nous [*cueillons des fraises*] : verbe + c. d'objet = GV — *Elles* [*sont délicieuses*] : verbe + attribut = GV

3 * **Soulignez les compléments des verbes en gras.**

1. Clémence **adore** les chats. Elle **a adopté** deux chatons siamois.
2. Nous **financerons** notre voyage scolaire en **vendant** des gâteaux.
3. J'ai **vu** ce film avec mes amis. 4. La neige nous **a retardés.**
5. Si tu ne **trouves** pas tes ciseaux, **prends** les miens.

- Le **complément d'objet** peut être un nom, un GN, un pronom, un infinitif…
Nous préférons attendre. → *attendre* : infinitif, complément d'objet du verbe *préférons.*
- Il est **généralement** placé **après le verbe**, mais on le trouve parfois **avant** lui.
J'aperçois mes amis. Je les appelle. Que font-ils ?

4 **Indiquez la classe grammaticale des compléments d'objet soulignés.**

* a. 1. Elle adore chanter. ....

2. Ma chienne raffole de ses croquettes. ....

** b. 3. Ces assiettes sont fragiles, ne les casse pas. ....

4. Vas-tu inviter Anna ? ....

- Les **compléments d'objet direct** (COD) complètent **directement** un verbe, sans préposition.
Les élèves écoutent les explications.
- Les **compléments d'objet indirect** (COI) sont reliés au verbe par une **préposition** (*à, de, sur, contre…*). *Elle assistera* [*à*] *la réunion.*

5 * **Surlignez les COD et entourez les COI.**

Ne confondez pas les **COD** et les **sujets inversés.**

1. Le témoin a reconnu le malfaiteur.
2. Ils atteignirent une grotte. Là s'abritaient des milliers de chauves-souris.
3. Ces rollers appartiennent à ma sœur.
4. Nous avons profité de cette belle journée, sur la terrasse.

6 ** Dieu envoya Jonas à Ninive, capitale de l'empire assyrien. Jonas désobéit et prit la fuite sur un bateau. Mais le bateau sur lequel se trouvait Jonas essuya une tempête car Dieu voulait le punir de sa désobéissance. Les marins dirent alors : « Tirons au sort pour connaître le responsable de ce malheur. » Le sort désigna Jonas. Ils le prirent et le jetèrent par-dessus bord. Aussitôt la mer apaisa sa fureur. Un énorme poisson avala Jonas, puis le recracha, vivant, sur le rivage au bout de trois jours.

D'après la *Bible*, Ancien Testament.

a. Surlignez les COD et soulignez les verbes qu'ils complètent.

b. Donnez la fonction de *au sort* (l. 5). ....

- Certains verbes se construisent avec un **complément direct** et un **complément indirect**.
J'envoie une photo à mon amie.

7 ** **Entourez les verbes et soulignez leurs deux compléments.**

1. Le touriste demande sa route à un passant.
2. Nous avons préparé une surprise pour nos invités.
3. Je préfère le samedi au dimanche.
4. À qui as-tu emprunté tous ces livres ?

J'utilise ce que j'ai appris...

POUR LIRE 8 Au temps jadis, un roi **possédait** un parc magnifique et, dans ce parc, on pouvait **admirer** un verger merveilleux. Au milieu de ce verger poussait un arbre qui **portait** des pommes d'or. Quand les pommes furent mûres, on les **compta**. Or, le lendemain, une pomme manquait. On rapporta l'affaire au roi. Il obligea alors son fils aîné à monter la garde auprès du pommier. Mais le jeune homme ne **résista** pas au sommeil. Le lendemain il **s'aperçut** de la disparition d'une pomme. Qui avait bien pu la **voler** ?

D'après Jacob et Wilhelm Grimm, *L'Oiseau d'or*, 1812.

a. Soulignez les 5 COD des verbes en gras et entourez les 2 COI.

b. Quelle est la fonction du GN *un arbre* (l. 3) ? ....

c. Quels verbes sont construits avec un complément direct et un complément indirect ? ....

1 point par réponse juste ■ Ma note : .... / 10

POUR DIRE 9 **Chaque élève choisit un de ces verbes et propose une phrase dans laquelle il sera construit avec un ou plusieurs compléments, directs ou indirects.**

observer • confier • autoriser • rêver • préparer • admirer • expliquer • profiter

POUR ÉCRIRE 10 **Imaginez une suite au texte de l'exercice 8.**
Utilisez de nombreux compléments d'objet que vous soulignerez.

16 Les compléments circonstanciels

d'autres exercices numériques
bordas.media/733820_032

Mon objectif : identifier les compléments circonstanciels ;
distinguer les compléments circonstanciels de temps, de lieu et de cause

J'observe et je réfléchis

1 1. À cause de la malédiction d'une fée, la princesse se piqua la main avec un fuseau et elle dormit pendant cent ans.

2. Avec un fuseau, la princesse se piqua la main à cause de la malédiction d'une fée, et, pendant cent ans, elle dormit.

a. **Ces deux phrases ont-elles un sens différent ?** ....

b. **Si on supprime les compléments soulignés, la phrase est-elle correcte ?** ....

J'apprends et je m'exerce

- Les **compléments circonstanciels** complètent la **phrase** dans son ensemble.
  Ils expriment les **circonstances** d'une action (temps, lieu, cause…).
  La semaine dernière, le vent a soufflé pendant trois jours.
- Ils peuvent, le plus souvent, être **supprimés** et **déplacés**.

2 * a. **Réécrivez cette phrase en déplaçant les compléments soulignés.**

Dimanche, Pierre a expérimenté son cerf-volant, avec succès, sur la plage.

....

....

b. **Réécrivez cette phrase en supprimant les compléments soulignés.**

....

....

- Un **complément** circonstanciel peut être un GN, un infinitif, un adverbe…
  Après avoir dîné, nous organisions souvent un jeu, dans le jardin.
- Le GN peut être précédé ou non d'une préposition : *à, en, sur, avec, sans, pendant…*
  Les chats sortent pendant la nuit. *La nuit, tous les chats sont gris.*

3 ** **Indiquez la nature de chaque complément circonstanciel souligné.**

1. Ils marchent rapidement le long du canal. .... / ....
2. Parfois, l'été, on aperçoit des étoiles filantes. .... / ....
3. Chaque jour, je quitte le collège à seize heures. .... / ....
4. Avant de s'endormir, il lit toujours quelques pages. .... / ....

- Les **compléments circonstanciels de temps** (CCT) permettent :
  – de **situer** les faits dans le temps — question : *Quand ?*
  – d'**indiquer** leur durée — question : *Pendant combien de temps ?*

4 * **Soulignez les CCT et reportez-les dans le tableau.**

1. Tout l'hiver, nous avons fait de grandes flambées dans la cheminée.
2. En hiver, les forêts ont perdu leur feuillage.

CC de temps	question	nuance de temps exprimée
....	*Pendant combien de temps ?*	→ Durée
....	*Quand ?*	→ Situation dans le temps

- Les **compléments circonstanciels de lieu** (CCL) permettent de **situer** les faits, les êtres et les choses **dans l'espace**. Questions : *Où ? D'où ? Par où ?*
Assieds-toi à côté de moi.

5 * **Soulignez les CCL. Entourez les prépositions, lorsqu'il y en a.**

1. Ils ont voyagé depuis le Pérou, jusqu'à la Martinique.
2. Le chien dort d'un sommeil paisible, sur le canapé.
3. Regarde, on aperçoit les îles là-bas.

- Les **compléments circonstanciels de cause** [CC de cause] indiquent pour quelle raison un fait se produit. Question : *Pour quelle raison ?*
La fonte des glaciers s'accélère à cause du réchauffement climatique.

6 * **Soulignez les CC de cause.**

1. La baignade est interdite à cause de la pollution.
2. En raison d'une panne de courant, nous sommes restés bloqués dans l'ascenseur.
3. Ce village est célèbre pour son festival de jazz.
4. Le drame a été évité grâce à la présence d'esprit d'un passant.

7 ** **Sous les GN soulignés, indiquez s'il s'agit de CCT, CCL ou CC de cause.**

1. Ils s'abritèrent dans une grange, à cause de l'orage, pendant la promenade.

....

2. À la remise des prix, à la mairie, Lou a pleuré de joie.

....

J'utilise ce que j'ai appris…

POUR LIRE **8** À dix heures et demie, le fantôme entendit la famille aller se coucher. Pendant quelque temps, il fut dérangé par les éclats de rire déchaînés des jumeaux qui, avec la gaieté insouciante des écoliers, s'amusaient manifestement avant de se retirer pour la nuit ; mais à onze heures et quart, tout était silencieux, et, aux douze coups de minuit, il se mit en route. La chouette battait des ailes contre les vitres, le corbeau croassait du haut du vieil if, et le vent errait en gémissant comme une âme en peine, autour de la maison.

Oscar WILDE, *Le Fantôme de Canterville*, trad. Jules Castier, © Stock, 1979.

a. **Soulignez les 5 CCT.** ..../5
b. **Surlignez les 3 CCL de la dernière phrase.** ..../3
c. **Complétez la phrase et soulignez le CC de cause.** ..../2

Le fantôme n'a pas pu commencer sa tournée avant onze heures,
en raison..

Ma note : ..../ 10

POUR DIRE **9** **Enrichissez et précisez chacun à votre tour cette phrase, grâce à des compléments circonstanciels nombreux et variés. On peut recommencer avec une autre phrase.**

Les campeurs installèrent leur tente.

POUR ÉCRIRE **10** **Une fête est organisée dans votre village ou votre quartier. Vous en faites le compte rendu en utilisant de nombreux compléments circonstanciels.**

17

Évaluation

Les fonctions

Mon objectif : évaluer mes connaissances sur les différentes fonctions des mots

Je récapitule mes connaissances

1 J'associe chaque fonction à sa définition.

sujet •	• complète un nom, est précédé d'une préposition
attribut du sujet •	• complète la phrase, exprime une circonstance (temps, lieu. .)
complément d'objet •	• commande l'accord du verbe qu'il précède, le plus souvent
épithète •	• exprime une caractéristique du sujet, après un verbe d'état
complément du nom •	• qualifie un nom situé avant ou après elle
complément circonstanciel •	• complète un verbe, avec ou sans préposition

2 Je donne un exemple personnel pour chacune de ces fonctions.

Fonctions • Exemples	Mes exemples (avec des mots différents)
sujet : ***Le soleil*** *se cache derrière un nuage.*	....
attribut du sujet : *Ce fruit est* ***une mangue****.*	....
COD : *Il regarde* ***un film****.* **COI** : *Je pense* ***à toi****.*	....
épithète : *une* ***étrange*** *lumière* ***verte****.*	....
C du nom : *les oreilles* ***de l'âne****.*	....
CC de lieu : *Des oiseaux nichent* ***sous le toit****.* **CC de temps** : ***Demain****, c'est mon anniversaire.*	....

Je teste mes connaissances

3 Je donne la fonction complète de chaque mot ou groupe de mots souligné, sur ce modèle :

L'orage gronde. L'orage : sujet de *gronde*.

1. Le paradisier est un oiseau. ....
2. Le magasin a ouvert la semaine dernière. ....
3. Où êtes-vous ? ....
4. Sur les hauteurs, l'air est plus frais. ....
5. La pêche est un fruit juteux. ....
6. La route est barrée en raison d'une course cycliste. ....
7. J'ai acheté un poisson rouge, samedi. ....
8. Elle repense souvent à son enfance. ....
9. Les rues de la ville sont animées. ....

1 point par réponse juste ■ Ma note : .... / 10

J'applique mes connaissances...

POUR LIRE 4

Un jour, Geppetto, un pauvre menuisier, façonna un petit pantin avec un morceau de bois et des ficelles. **Il** l'appela Pinocchio. Ce petit jouet pouvait parler et bouger comme un enfant, mais un enfant en bois. Bien sûr, Pinocchio était **un jouet**, mais il se comporta vite comme un petit garçon insupportable, ce qui causa de nombreux tracas à Geppetto. Celui-ci, pourtant, l'aimait tendrement comme son fils. Pinocchio avait de grandes tendances à mentir et, chaque fois qu'il mentait, son nez s'allongeait.

D'après **Carlo Collodi**, *Pinocchio*, 1881.

1. a. Qui sont les deux personnages principaux de ce texte ? 2 points

....

b. Relevez, en deux groupes, les sujets qui désignent chacun d'eux. Indiquez entre parenthèses les verbes dont ils sont sujets. 8 points

premier personnage	deuxième personnage
....	....
....	....
....	....
	....

2. Relevez les compléments d'objet du verbe *causa*. 2 points

.... / ....

3. a. Relevez un adjectif qui renseigne sur le caractère de Pinocchio.

.... 1 point

b. Précisez la fonction de cet adjectif. 1 point

....

4. Faites l'analyse des mots en gras (nature et fonction). 6 points

– Un jour : ....
– Il : ....
– un jouet : ....

Ma note : .... / 20

POUR DIRE 5 **Partez d'un verbe qui peut se construire avec un complément d'objet. Chaque élève propose une phrase construite à partir de ce verbe, avec le plus possible de catégories de fonctions.**

L'élève ayant dit la phrase la plus longue, la plus correcte et la plus intéressante (ou la plus drôle) obtient la note de 20.
On attribue ensuite des notes comprises entre 10 et 19 aux élèves ayant fourni des phrases correctes.
(Les autres feront mieux la prochaine fois !)

Ma note : .... / 20

POUR ÉCRIRE 6 **Imaginez comment Pinocchio a pu être un jour amené à mentir à Geppetto. Racontez ce qui a provoqué cette situation et comment cela s'est terminé.**

1. Racontez dans quelles circonstances Pinocchio a menti à Geppetto. 5 points
2. Construisez votre récit par étapes jusqu'à la situation finale. 5 points
3. Entourez les verbes, soulignez les sujets et les compléments d'objet. 5 points
4. Surlignez les adjectifs épithètes et les compléments du nom. 5 points

Ma note : .... / 20

Évaluation des compétences travaillées

➥ Identifier les fonctions grammaticales	Ma note globale : .... / 70 ■ Entre 0 et 17 : maîtrise insuffisante. ■ Entre 18 et 35 : maîtrise fragile.	■ Entre 36 et 53 : maîtrise satisfaisante. ■ Entre 54 et 70 : très bonne maîtrise.

Reportez les résultats de l'évaluation p. 128.

18 Préparation à la dictée

Un don embarrassant

Mon objectif : mettre en pratique mes connaissances d'orthographe grammaticale et lexicale

1. Je prépare la dictée

Orthographe grammaticale

1. Complétez ces phrases avec *ses* (→ *mes, tes*), *ces* (→ *ces...-là*), *c'est* (→ *c'était*).

Regarde .... fleurs. • Il a oublié .... livres. • Il faut partir, ... l'heure.

2. *Qu'elle(s)* peut être remplacé par *qu'il(s)*. Sinon, il s'agit de *quel(s)* ou *quelle(s)* qui s'accorde avec le nom qui suit. Complétez ces phrases.

.... heure est-il ? • .... sont ces insectes ? • Il faut .... revienne.

Conjugaison

3. Conjuguez le verbe *partager* à l'imparfait (→ pp. 54-55).

je .... tu .... il, elle ....

nous .... vous .... ils, elles ....

4. Indiquez le temps et l'infinitif de cette forme verbale.

elles s'enfuirent : ....

Orthographe lexicale

5. Complétez ces mots avec la (ou les) lettre(s) qui manque(nt).

emba.......assant • co..........encement • ordi.......aire

2. J'écris la dictée

....

....

....

....

....

....

....

....

....

Extrait de « La Fée du robinet », *in Contes de la rue Broca*, de Pierre Gripari, © La Table Ronde, 1967.

3. Je corrige mes fautes

Distinguez les fautes d'**accord**, de **conjugaison** et d'orthographe d'**usage**.

....

....

....

....

....

....

J'évalue ma dictée

2 points par faute de grammaire ou de conjugaison, 1 point par faute d'usage, 0,5 point par faute de ponctuation, d'accent d'usage, de majuscule.

Ma note : .... /20

19 Méthode

Comment observer la construction d'une phrase ?

Mon objectif : évaluer mes connaissances sur la phrase : type, forme, construction

1. Je compte les verbes conjugués

- un seul **verbe** conjugué
  - → une seule **proposition**
  - → une **phrase simple**
  - *Nous admirons un feu d'artifice.*
- plusieurs **verbes** conjugués
  - → plusieurs **propositions**
  - → une **phrase complexe**
  - *Je regarde le feu d'artifice / qui commence.*

Je vérifie si j'ai compris

1. **a. Je souligne les verbes conjugués. b. J'indique leur nombre. c. Je précise si la phrase est simple ou complexe.**

1\. a. Le ballon monte très haut, retombe et rebondit. b. .... → c. ....

2\. a. Un cygne majestueux glisse lentement sur l'eau calme. b. .... → c. ....

2. Je délimite les différentes propositions

- Une **proposition** est un ensemble de **mots organisés** autour d'un **verbe** conjugué. Donc :
  - → je **souligne** chaque verbe conjugué
  - → je **mets une barre** à la fin de chaque proposition.
  - *Les spectateurs sont nombreux, / ils poussent des cris d'admiration.*

Je vérifie si j'ai compris

2. **a. Je souligne les verbes conjugués. b. Je mets une barre à la fin de chaque proposition.**

Aujourd'hui, il fait beau, je m'amuserai avec mon skate, mais demain j'irai à la piscine.

3. Je regarde ce qu'il y a entre les propositions

signes de **ponctuation** (, ; :)

subordonnant (*que, quand...*)

Les fusées jaillissent, éclairent le ciel et font un bruit terrible quand elles éclatent.

mot de liaison (*et, mais, puis...*)

Je vérifie si j'ai compris

3. **a. Je souligne les verbes conjugués. b. Je surligne ce qui sépare les propositions.**

Jadis le roi Augias possédait d'immenses écuries mais on ne les avait jamais nettoyées.

Il demanda à Hercule de les laver : c'était une mission presque impossible.

Hercule dévia le cours de deux rivières pour que l'eau s'engouffre dans les écuries.

En résumé

un verbe = une proposition = une phrase **simple**

plusieurs verbes = plusieurs propositions = une phrase **complexe**

Vérifiez que vous avez bien compris en complétant la fiche imprimable.

bordas.media/733820_037

20 La phrase simple et ses constituants

+ d'autres exercices numériques
bordas.media/733820_038

Mon objectif : identifier les constituants d'une phrase simple

J'observe et je réfléchis

1 Le conteur | **est** très dense. | **résoudras** cette énigme. | Tu | **raconte** une légende aux enfants. | Le trafic

a. Associez ces groupes de mots deux par deux pour obtenir 3 phrases correctes.

1. ....
2. ....
3. ....

b. Quelle est la fonction des mots et groupes de mots en vert ? ....

c. Quelle est la nature des mots en gras ? ....

J'apprends et je m'exerce

- La **phrase simple** est construite autour d'**un seul verbe** conjugué à un mode personnel.

2 * **a. Mettez une barre entre les phrases.**
b. Entourez les verbes conjugués (à l'indicatif).
c. Soulignez la phrase qui n'est pas une phrase simple.

Une phrase qui contient deux **verbes conjugués** ou plus n'est pas une phrase simple.

Dans la mythologie grecque, les centaures étaient des créatures mi-hommes mi-chevaux. On les considérait comme des êtres brutaux et incultes. Cependant, Chiron se distinguait d'eux, car il était sage, généreux et savant. Il connaissait aussi l'art de guérir. Toutes ces qualités le conduisirent à devenir le maître de nombreux héros.

- La phrase simple est composée d'un **sujet** (ce dont on parle dans la phrase) et d'un **verbe** ou d'un **groupe verbal** (ce qu'on dit à propos du sujet).
Les girafes ont un long cou.
sujet — groupe verbal

3 * **Soulignez les sujets. Surlignez les groupes verbaux.**

1. Les bateaux regagnent le port.
2. Une longue file de spectateurs attend l'ouverture du cinéma.
3. Les pentes de la montagne sont couvertes de neige.
4. J'aimerais savoir danser.

- La **nature** du **sujet** est : un nom, un GN, un pronom…
L'émission de télévision a remporté un grand succès.
GN, sujet de *a remporté*

4 * **Soulignez les sujets. Surlignez les verbes et groupes verbaux. Donnez la nature des sujets.**

1. Le mauvais temps persiste. ....
2. Nous devons persévérer. ....

- Quand une phrase simple a son verbe à l'**impératif**, elle n'a pas de sujet exprimé.
  Écoute. Sois attentif.

5 * **Soulignez les phrases qui n'ont pas de sujet exprimé.**

Observez ces insectes. • J'irai à la piscine. • Ne dites rien. • Ce soir, jouons aux cartes.

- Une phrase simple peut être complétée par des **compléments circonstanciels**, facultatifs.
  Vendredi soir, nous avons fait des crêpes. → *Vendredi soir* : CC de temps

6 ** **Soulignez les sujets. Entourez les verbes et les groupes verbaux. Mettez entre crochets les compléments circonstanciels.**

1. Dans sa chambre, Thomas a une impressionnante collection de figurines.
2. Une araignée descend au bout de son fil.
3. Au mois de mai, place de la mairie , se déroulera une grande brocante de printemps.
4. Simon a lu son livre pendant les vacances.
5. Dans la cour, au soleil, les enfants jouent au ballon.

J'utilise ce que j'ai appris...

POUR LIRE **7**

– Que faites-vous ici ?
– Je suis géographe, dit le vieux monsieur.
– Qu'est-ce qu'un géographe ?
– C'est un savant qui connaît où se trouvent les mers, les fleuves, les villes, les montagnes et les déserts...
– Ça c'est intéressant, dit le petit prince. Ça c'est enfin un véritable métier !
Et il jeta un coup d'œil autour de lui sur la planète du géographe.

Antoine DE SAINT-EXUPÉRY, *Le Petit Prince*, 1943, © Gallimard, 1993.

a. Entourez les verbes conjugués à un temps de l'indicatif.
b. Soulignez les phrases simples.
c. Dans la dernière phrase, relevez :
le sujet : .... • **le groupe verbal :** ....
les CC : .... / ....

POUR DIRE **8** **Écrivez au tableau une liste de verbes pouvant être suivis d'un complément ou d'un attribut du sujet.**
Un(e) élève choisit un verbe et propose un sujet, un(e) autre propose un groupe verbal (le verbe + un complément ou un attribut du sujet), un(e) autre un complément circonstanciel. On continue ainsi avec les autres verbes.

POUR ÉCRIRE **9** **Imaginez un dialogue entre deux camarades dont l'un(e) vient de faire une découverte étonnante. Utilisez seulement des phrases simples. Soulignez leur verbe.**

Autoévaluation

	Oui	Non
J'ai respecté le sujet : deux camarades, dialogue, découverte.		
J'ai souligné les verbes conjugués à un mode personnel.		
J'ai vérifié que toutes les phrases sont simples.		
J'ai vérifié que toutes les phrases sont bien construites.		

J'ai obtenu :
- **1 oui** = Je remanie profondément le devoir.
- **2 oui** = Je fais toutes les corrections.
- **3 oui** = C'est bien, mais je corrige ce qui est nécessaire.
- **4 oui** = Bravo ! Mais je relis et améliore mon devoir.

21 Initiation à la phrase complexe

d'autres exercices numériques
bordas.media/733820_040

Mon objectif : distinguer les phrases simples et les phrases complexes ; comprendre la construction d'une phrase complexe

J'observe et je réfléchis

1 a. 1. Mon chien aboie. • 2. Un chat passe devant la fenêtre.

Chacune de ces phrases a : 1 verbe ☐ 2 verbes ☐.

Ce sont des phrases simples : Oui ☐ Non ☐.

b. 1. Mon chien aboie quand un chat passe devant la fenêtre.

2. Un chat passe devant la fenêtre : mon chien aboie.

Chacune de ces phrases a : 1 verbe ☐ 2 verbes ☐.

Ce sont des phrases simples : Oui ☐ Non ☐.

J'apprends et je m'exerce

- Une **phrase complexe** contient autant de **propositions** que de verbes conjugués.
- Une **phrase complexe** contient deux ou plusieurs **verbes conjugués.** Elle est donc composée de **deux** ou **plusieurs propositions.**

Ils feront un pique-nique samedi, si le temps le permet.

proposition + proposition = phrase complexe

2 * **a. Entourez les verbes qui sont à un mode personnel.**
b. Soulignez les phrases complexes.

Jadis la Terre entière utilisait la même langue et les mêmes mots. Mais un jour, en allant vers l'Orient, les hommes découvrirent une grande plaine et ils décidèrent d'y habiter. Avec des briques et du bitume, ils commencèrent à bâtir une ville et une tour. Ils souhaitaient que le sommet de cette tour atteigne un jour le ciel.

La Bible, La tour de Babel.

Lorsque plusieurs propositions ont le même sujet, celui-ci est parfois **sous-entendu**.

- Une phrase **complexe** peut être composée de **deux ou plusieurs** propositions séparées par un **signe de ponctuation** : virgule, point-virgule ou deux-points.

Elle rit de joie, frappe dans ses mains : elle a reçu une très bonne nouvelle.

3 * **Soulignez les verbes.**
Mettez une barre entre les deux propositions de chaque phrase.

1. On n'entend pas le chien, il dort. • 2. Entrez, je vous en prie. • 3. Ne dis rien, laisse-moi deviner. • 4. Nous devons nous hâter : le train part dans dix minutes.

4 ** **a. Séparez les propositions par une virgule ou par un deux-points.**
b. Indiquez combien il y a de propositions dans chacune de ces phrases complexes.

1. Le vent se déchaîne .... hurle .... fait plier les arbres. 1☐ 2☐ 3☐
2. Je ne peux pas sortir .... je n'ai pas fini mon travail. 1☐ 2☐ 3☐

- Une phrase **complexe** peut être composée de **deux ou plusieurs** propositions reliées par un **mot de liaison** : conjonction de coordination *(et, ou, ni, mais, or, car, donc)* ou adverbe de liaison *(puis, ensuite…)*. *Nous écrirons un conte ou nous jouerons une scène de théâtre.*

5 * **a. Soulignez les verbes. b. Entourez le mot qui relie les deux propositions de chaque phrase. c. Mettez une barre entre les propositions.**

1. La sorcière prépare la potion magique et la goûte.
2. Chaque élève lit un livre, puis en fait un résumé à ses camarades.

6 ****** **Transformez chaque couple de phrases simples en une phrase complexe formée de deux propositions reliées par *et*, *mais* ou *car*.**

1. On le croit endormi. Il nous écoute. ....
2. Je vais me coucher. Je suis fatiguée. ....
3. Je finis mes devoirs. Je te rejoins. ....

La **subordonnée** dépend de la principale et ne peut pas exister sans elle.

- Dans une phrase **complexe**, une **proposition** peut être introduite par un **subordonnant** : *qui, que, quand, parce que, pour que*….
- Cette proposition est appelée une **subordonnée**. La proposition à laquelle elle est reliée par le subordonnant est la **principale**.

Tu ne peux pas ouvrir la porte *puisque tu n'as pas la bonne clé.*
principale + subordonnée = phrase complexe

7 ***** **Complétez ces phrases. Soulignez les principales. Mettez les subordonnées entre crochets.**

1. On reconstruit le mur qui ....
2. J'espère que ....
3. Puisque ...., interprète-nous une chanson.

J'utilise ce que j'ai appris…

POUR LIRE **8** Les hommes pensaient que la tour de Babel leur permettrait d'accéder au Paradis. Dieu voulut les punir car il les jugeait orgueilleux. Il leur fit parler des langues différentes afin qu'ils ne se comprennent plus. Les hommes durent abandonner la construction de la tour et se dispersèrent sur la Terre. Ils formèrent ainsi des peuples qui étaient étrangers les uns aux autres.

La Bible, La tour de Babel.

a. **De combien de phrases ce texte est-il composé ?** ....

b. **Ces phrases sont-elles simples ou complexes ?** ....

c. **Surlignez les mots de liaison et les subordonnants.**

POUR DIRE **9** [à deux] **Un élève raconte une histoire brève en n'utilisant que des phrases simples. Un autre élève reprend la même histoire en n'utilisant que des phrases complexes.**

POUR ÉCRIRE **10** **Vous êtes en possession d'une carte où figure l'emplacement d'un trésor. Vous vous lancez à sa recherche. Racontez.**
Utilisez de nombreuses phrases complexes, dont vous séparerez les propositions par une barre. Soulignez les verbes conjugués à un mode personnel.

Autoévaluation	Oui	Non
J'ai respecté le sujet : carte, recherche du trésor, 1re pers.		
J'ai souligné les verbes conjugués à un mode personnel.		
J'ai vérifié qu'il y a plusieurs phrases complexes.		
J'ai séparé les propositions par une barre.		

J'ai obtenu :
- 1 oui = Je remanie profondément le devoir.
- 2 oui = Je fais toutes les corrections.
- 3 oui = C'est bien, mais je corrige ce qui est nécessaire.
- 4 oui = Bravo ! Mais je relis et améliore mon devoir.

22 Les types de phrase

d'autres exercices numériques
bordas.media/733820_042

Mon objectif : identifier les différents types de phrase

J'observe et je réfléchis

1 Reliez chaque phrase à la catégorie à laquelle elle appartient.

1. Tu sors le chien tous les matins. •
2. Sors le chien tous les matins. •
3. Sors-tu le chien tous les matins ? •

• La phrase pose une question.
• La phrase donne une information.
• La phrase exprime un ordre.

J'apprends et je m'exerce

- Il existe **trois types de phrase** : déclaratif, impératif, interrogatif.
- Une phrase de **type déclaratif** donne une **information** ou une **explication**. Elle se termine par un **point**. *Le magasin ferme à dix-huit heures.*

2 Écrivez les phrases déclaratives qui conviennent à ces situations.

* **a. Vous répondez à ces questions :**

Comment t'appelles-tu et quel âge as-tu ?

....

** **b. Vous dites ce que vous voyez d'où vous êtes.**

....

- Une phrase de **type impératif** donne un **ordre**, un **conseil** ou exprime une **interdiction**. Elle se termine par un **point** ou un **point d'exclamation**.
- Une phrase impérative est à l'**impératif** *(Ne cours pas.)*, à l'**infinitif** *(Ne pas courir.)* ou au **futur** *(Tu ne courras pas !)*.

3 * **Transformez ces phrases déclaratives en phrases impératives.**

1. Je veux que tu viennes rapidement. ....
2. Tu ne dois pas t'inquiéter. ....
3. J'aimerais que tu te taises ! ....

4 ** **Réécrivez ces phrases impératives : a. à l'infinitif ; b. au futur.**

1. Lis bien la notice. **a.** .... **b.** ....
2. Ne dis rien. **a.** .... **b.** ....
3. Ne fermez pas la porte. **a.** ....
   b. ....

- Une phrase de **type interrogatif** pose une **question**.
- Elle se termine par un **point d'interrogation** : *Qui était La Fontaine ?*
- Elle peut être introduite par un **mot interrogatif** : *qui, que, lequel, laquelle, quel(s), quelle(s), où, quand, comment, pourquoi…* ou par *Est-ce que*.
- Son **sujet** est souvent **inversé** : *Où habitez-vous ?*

5 * **Complétez les phrases avec ces mots interrogatifs :** *est-ce que (qu'), comment, pourquoi, où, quel.*

1. .... est ce bruit bizarre ? • **2.** .... il est tard ? • **3.** D' .... viens-tu ?
4. .... se forme la pluie ? • **5.** .... y a-t-il des vagues dans la mer ?

- Une même question est formulée **différemment** selon le **niveau de langue** utilisé.

Est-ce que tu viendras demain ?	niveau de langue courant
Viendras-tu demain ?	niveau de langue soutenu
Tu viendras demain ?	niveau de langue familier.

6 ** ***Nous irons au cinéma.*** **Transformez cette phrase en phrases interrogatives :**

a. **de niveau soutenu :** ....

b. **de niveau courant :** ....

c. **de niveau familier :** ....

7 ** **Ces phrases sont de type déclaratif. Transformez-les en phrases interrogatives : a. de niveau courant ; b. de niveau soutenu.**

1. Vous avez apprécié le spectacle.

a. ....

b. ....

2. L'ordinateur est encore allumé.

a. ....

b. ....

J'utilise ce que j'ai appris...

POUR LIRE **8** **La grenouille qui veut se faire aussi grosse que le bœuf.**

[...] « Regardez bien, ma sœur.
Est-ce assez ? Dites-moi. N'y suis-je point encore ?
– Nenni. – M'y voici donc ? – **Point du tout.**
– M'y voilà ?
– Vous n'en approchez point. »

Jean DE LA FONTAINE, *Fables*, livre I, fable 3, 1668.

a. **Soulignez les phrases impératives. À quel mode est leur verbe ?** ....

b. **Quel est le type de la dernière phrase ?** ....

c. **Remplacez la phrase sans verbe en gras par une phrase verbale de type déclaratif.**

....

d. **Entourez les phrases interrogatives.**

1 point par réponse juste, 2 points pour c. ■ Ma note : .... / 10

POUR DIRE **9** **Prononcez à voix haute cette phrase, de manière à en faire une phrase déclarative, puis interrogative. Ensuite, modifiez-la pour en faire une phrase impérative.**

Tu travailles bien, ce trimestre.

Recommencez plusieurs fois l'exercice avec des phrases proposées par vos camarades et vous.

POUR ÉCRIRE **10** **Rapportez une conversation animée, à la récréation.**
Utilisez des phrases déclaratives, impératives et interrogatives.

Vous vous en tiendrez à deux ou trois interlocuteurs.
Vous respecterez les règles du dialogue (→ pp. 118-119).
Vous vérifierez que les trois types de phrase sont représentés.

23 Les phrases affirmatives et négatives

d'autres exercices numériques
bordas.media/733820_044

Mon objectif : distinguer les phrases affirmatives et négatives, savoir utiliser les négations

J'observe et je réfléchis

1 Jacques et sa mère n'étaient pas riches. Ils ne possédaient rien, en dehors de Blanchette, leur vieille vache. Mais un jour Blanchette ne donna plus de lait.

D'après le conte *Jacques et le haricot magique*.

Répondez à ces questions en cochant la case qui convient.

a. Jacques et sa mère sont-ils riches ? **oui** ☐ **non** ☐
b. Possèdent-ils beaucoup de choses ? **oui** ☐ **non** ☐
c. Comment avez-vous répondu ? **par l'affirmative** ☐ **par la négative** ☐

J'apprends et je m'exerce

• *C'est inutile.* (phrase **affirmative** : pas de négation)
• *Ce n'est pas utile.* (phrase **négative** : négation *n'... pas*)

• Une phrase peut être de **forme** affirmative ou négative.
Elle est **affirmative** quand elle ne contient pas de négation. *L'eau est froide.*
Elle est **négative** quand elle contient une **négation**. *L'eau n'est pas froide.*

2 * **Soulignez les phrases négatives.**

1. On en a trouvé. • 2. On n'en a pas trouvé. • 3. N'oublie pas ta promesse. • 4. Il est inutile de revenir. • 5. Nous n'allons jamais à la piscine. • 6. Le chat refuse de descendre de l'arbre. • 7. On n'y voit rien. • 8. Un rien effraie les oiseaux. • 9. Une personne est venue. • 10. Personne n'est venu.

• Une **négation** est généralement composée de **deux éléments** : *ne (n')* est associé à *pas, plus, guère, jamais, rien, aucun, nul...*
Théo joue de la clarinette. → *Théo ne joue pas de la clarinette.*

3 * **Observez chaque phrase affirmative et la phrase négative correspondante. Soulignez les mots qui diffèrent d'une phrase à l'autre.**

1. Je m'ennuie toujours le dimanche. — Je ne m'ennuie jamais le dimanche.
2. Elle a remarqué quelque chose d'insolite. — Elle n'a rien remarqué d'insolite.
3. J'ai besoin de quelqu'un pour m'aider. — Je n'ai besoin de personne pour m'aider.
4. J'ai encore du temps. — Je n'ai plus de temps.

4 ** **Mettez ces phrases affirmatives à la forme négative, en utilisant les négations *ne... plus, personne... ne, ne... rien, ne... jamais.***

1. Quelqu'un est venu me voir.

....

2. Nous avons encore faim.

....

3. Ils vont parfois au cinéma.

....

4. J'ai trouvé quelque chose.

....

- Dans une phrase négative, *ni* est généralement redoublé *(ni… ni)*. Il remplace *et* ou bien *ou* :
Cet exercice est long et difficile. → *Cet exercice n'est ni long ni difficile.*

5 ** **Mettez ces phrases à la forme négative en utilisant *ni… ni*.**

1. Son frère et lui jouent au volley. ……………………………………………………………………………
2. Nous irons à la mer ou à la montagne. ……………………………………………………………………
……
3. Je le trouve gentil et bien élevé. ……………………………………………………………………………

Reportez-vous aux pages 42-43.

- On peut mettre à la forme négative des phrases **déclaratives, impératives** ou **interrogatives** :
Vas-y. → ***N'y va pas.*** (phrase impérative et négative)

6 * **Copiez chaque phrase dans la bonne colonne.**

Qui n'a pas compris ? • Ne dites rien. • On ne s'en doutait pas. • Ne pas courir • N'avez-vous pas faim ? • Il ne rit jamais.

déclarative négative	impérative négative	interrogative négative
……………………	……………………	……………………
……………………	……………………	……………………
……………………	……………………	……………………

J'utilise ce que j'ai appris…

POUR LIRE **7** Jacques et sa mère furent obligés de vendre leur vache. Sa mère lui recommanda : « Tu n'accepteras pas moins de dix pièces d'argent. Mais personne ne voulait d'une vache qui ne donnait plus de lait. Seul un vieux monsieur lui offrit un haricot magique en échange de sa vache. Rentré à la maison, Jacques ne réussit pas à convaincre sa mère qu'il avait fait une bonne affaire. Furieuse, elle jeta le haricot par la fenêtre. Le lendemain, un pied de haricot géant montait jusqu'au ciel ! Jacques n'hésita pas et se mit à grimper.

D'après le conte *Jacques et le haricot magique*.

a. **Soulignez les phrases et propositions négatives. Entourez les négations.**

b. **Réécrivez la première phrase à la forme négative.**

……

POUR DIRE **8** [à plusieurs] **L'un de vous prononce une phrase affirmative et désigne un camarade qui la met à la forme négative. Recommencez plusieurs fois.**

POUR ÉCRIRE **9** **Posez six questions à propos du conte ci-dessus. Puis rédigez les réponses en utilisant autant de phrases affirmatives que négatives.**

Autoévaluation

	Oui	Non
J'ai rédigé 6 questions sur le conte.		
J'ai rédigé 3 réponses affirmatives.		
J'ai rédigé 3 réponses négatives.		
Celles-ci contiennent une négation formée de 2 mots.		

J'ai obtenu :
- **1 oui** = Je remanie profondément le devoir.
- **2 oui** = Je fais toutes les corrections.
- **3 oui** = C'est bien, mais je corrige ce qui est nécessaire.
- **4 oui** = Bravo ! Mais je relis et améliore mon devoir.

24 Évaluation
La phrase

Mon objectif : évaluer mes connaissances sur la phrase : type, forme, construction

Je récapitule mes connaissances

1 Je coche chaque fois la bonne réponse.

1. Une phrase simple a : ☐ un seul verbe conjugué ☐ plusieurs verbes conjugués
2. Cette phrase est une phrase complexe : *Il court, revient, repart.* ☐ vrai ☐ faux
3. *Écoutez !* ☐ est une phrase. ☐ n'est pas une phrase.
4. Une phrase ne peut pas se terminer par un point d'exclamation. ☐ vrai ☐ faux
5. *Attendez encore un peu.* est une phrase : ☐ déclarative ☐ impérative
6. *Quelle image préférez-vous ?* est une phrase :
   ☐ déclarative ☐ impérative ☐ interrogative
7. *Aimez-vous le sport ?* est formulé en langue :
   ☐ courante ☐ soutenue ☐ familière
8. La phrase *Ne connaissez-vous pas la réponse ?* est une phrase :
   ☐ déclarative et négative ☐ interrogative et négative ☐ interrogative et affirmative
9. *Une personne est venue.* est une phrase : ☐ affirmative ☐ négative

Je teste mes connaissances

2 Je transforme cette phrase pour qu'elle devienne :
a. impérative b. interrogative c. négative. 3 points

Tu sors. a. ....
Tu sors. b. ....
Tu sors. c. ....

3 Je transforme ce couple de phrases simples en une phrase complexe. 2 points

Nous courons. Nous sommes en retard. ....

4 Je souligne le groupe sujet et je mets le groupe verbal entre crochets. 2 points

Les élèves relisent le texte dicté par leur professeur.

5 Je mets une barre entre les deux propositions de chaque phrase. Je précise ce qu'il y a entre ces propositions : signe de ponctuation, mot de liaison, subordonnant. 3 points

1. En été, notre chat dort au soleil ou chasse dans les hautes herbes. ....
2. Le berger mène son troupeau à la rivière afin qu'il se désaltère. ....
3. Tu dormais, tu n'as rien entendu. ....

Ma note : .... / 10

J'applique mes connaissances...

POUR LIRE **6**

Ulysse et ses compagnons arrivent sur l'île de la magicienne Circé.

Circé accourt, ouvre ses portes et nous invite à la suivre. Tous mes guerriers entrent imprudemment dans ce palais **qui** est l'habitation d'une magicienne. Circé les fait asseoir, puis elle mêle du fromage, de la farine, du miel avec du vin, et elle ajoute à cette préparation des plantes magiques. Ils boivent ce breuvage, avec avidité, **parce qu'**ils sont assoiffés. Elle les frappe avec sa baguette et les enferme dans la porcherie. Mes guerriers sont devenus semblables à des porcs, mais leur esprit a toujours la même force. Que deviendront mes compagnons ? Quelle triste destinée !

D'après **Homère**, *Odyssée*, VIIIe s. av. J.-C.

1. **Mettez la première phrase à la forme négative.** 3 points

....

....

2. **Entourez les 4 conjonctions de coordination qui relient des propositions entre elles.** 4 points

3. **Quel mot de liaison relie deux autres propositions coordonnées ?** 1 point ....

4. a. **Soulignez les deux propositions introduites par les mots en gras.** 2 points

   b. **Comment appelle-t-on cette catégorie de propositions ?** 1 point

....

5. **Surlignez une phrase interrogative.** 1 point

6. a. **Transformez le passage souligné en phrase interrogative :** 2 points

   – en langue courante : ....

   – en langue soutenue : ....

   b. **Cette phrase interrogative est-elle simple ou complexe ? Justifiez votre réponse.** 3 points

....

7. **Relevez une phrase exclamative.** 1 point ....

8. **D'après les deux dernières phrases, quels sentiments Ulysse éprouve-t-il ?** 2 points

....

Ma note : .... / 20

POUR DIRE **7** **Plusieurs élèves, à tour de rôle, expliquent une de ces notions et donnent un exemple :** phrase simple, phrase complexe, subordonnée, phrase déclarative, phrase impérative, phrase exclamative, phrase interrogative, phrase négative.

Évaluation collective : **10 points :** clarté et justesse des explications données
10 points : qualité de l'exemple proposé

Notre note : .... / 20

POUR ÉCRIRE **8** **Trois camarades entrent dans une demeure abandonnée et font d'étranges découvertes. Racontez. Votre récit contiendra un petit dialogue.**

1. Respectez le sujet : trois camarades, demeure abandonnée, étranges découvertes. 6 points
2. Insérez dans votre récit un dialogue correctement présenté. 4 points
3. Écrivez des phrases simples et des phrases complexes. 6 points
4. Employez au moins une phrase : impérative, exclamative, interrogative et négative. 4 points

Ma note : .... / 20

Évaluation des compétences travaillées

➥ Identifier les constituants de la phrase ➥ Distinguer phrase simple et phrase complexe	**Ma note globale : .... / 70** ■ Entre 0 et 17 : maîtrise insuffisante. ■ Entre 18 et 35 : maîtrise fragile. ■ Entre 36 et 53 : maîtrise satisfaisante. ■ Entre 54 et 70 : très bonne maîtrise.

Reportez les résultats de l'évaluation p. 128.

25

Préparation à la dictée

Ulysse et sa nourrice

Mon objectif: mettre en pratique mes connaissances d'orthographe grammaticale et lexicale

1. Je prépare la dictée

Orthographe grammaticale

1. Revoyez page 84 comment on distingue *a* et *à*. Complétez ces phrases.

Ulysse .... voyagé de nombreuses années, avant de réussir .... rentrer chez lui.

2. Complétez les mots en gras après les avoir remplacés mentalement par un verbe du 3e groupe *(faire, partir, prendre...)*.

La nuit commence à **tomb**........... et le pêcheur a **rang**........... son matériel.

Conjugaison

3. Mettez ces verbes à la 3e personne du singulier du présent (→ pp. 51-53).

prendre : .... • répandre : .... • connaître : ....

Orthographe lexicale

4. Complétez ces groupes nominaux avec *vieil* (masculin) et *vieille* (féminin).

une .... photo • un .... immeuble • ce .... arbre • cette .... légende

5. Écrivez un nom de chose et un nom de personne de la famille du verbe *nourrir*.

.... • ....

2. J'écris la dictée

Après vingt ans, Ulysse rentre chez lui sous l'apparence d'un mendiant. Personne ne l'a reconnu, sauf...

....

....

....

....

....

....

....

....

....

D'après HOMÈRE, *Odyssée*, VIIIe s. av. J.-C.

3. Je corrige mes fautes

Distinguez les fautes d'**accord**, de **conjugaison** et d'orthographe d'**usage**.

....

....

....

....

....

....

J'évalue ma dictée

2 points par faute de grammaire ou de conjugaison, 1 point par faute d'usage,
0,5 point par faute de ponctuation, d'accent d'usage, de majuscule.

Ma note: .... **/20**

Méthode

26 Comment analyser une forme verbale ?

Mon objectif : savoir analyser une forme verbale pour bien l'employer et l'accorder

Pour analyser une forme verbale, je précise :

- son **infinitif** et son **groupe**
  - je trouve son **infinitif** en faisant précéder le verbe de *il faut* ou *je dois*.
    nous marchions → (il faut) marcher
  - je trouve son **groupe** en observant sa **terminaison** :
    -er → **1er groupe** : *marcher, nager, travailler...*
    -ir (participe présent en ***-issant***) → **2e groupe** : *finir, finissant*
    (participe présent en-***ant***) → **3e groupe** : *partir, partant*
    -oir ou ***-re*** → **3e groupe** : *vouloir, prendre*

- sa **personne** et son **nombre**
  - **singulier** : *je, tu, il / elle* **pluriel** : *nous, vous, ils / elles*
    → j'observe sa **terminaison** : *nous marchions* → 1re personne du pluriel

- son **temps**
  - si le verbe est utilisé **sans auxiliaire**, c'est un **temps simple** : présent, imparfait, passé simple, futur
    → j'observe sa **terminaison** : *nous marchions* → imparfait
  - si le verbe est utilisé avec un **auxiliaire**, c'est un **temps composé** : passé composé, plus-que-parfait...
    → j'observe le **temps de l'auxiliaire** : *nous avons marché* → passé composé

- son **mode**
  - si on peut l'utiliser avec des **pronoms** *(je, tu...)*, il est à un **mode personnel** : indicatif, impératif, conditionnel...
    → *nous marchions* → mode personnel, indicatif
  - si on ne peut pas l'utiliser avec des **pronoms** *(je, tu...)*, il est à un **mode impersonnel** : infinitif (*marcher*), participe (*marchant*).

Je vérifie si j'ai compris

J'analyse les formes verbales soulignées sur ce modèle :

nous reviendrons : verbe *revenir*, 3e groupe, 1re personne du pluriel, futur, indicatif.

Ils ont compris ce que tu expliquais.

....

....

....

....

En résumé

L'ensemble des **formes** prises par un verbe (son **infinitif**, son **groupe**, sa **personne**, son **nombre**, son **temps**, son **mode**) constitue sa **conjugaison**.

À partir de la 5e, vous devrez aussi indiquer la **voix**.

Vérifiez que vous avez bien compris en complétant la fiche imprimable.

bordas.media/733820_049

27 L'infinitif

d'autres exercices numériques
bordas.media/733820_050

Mon objectif : trouver l'infinitif des verbes ; classer les infinitifs selon leur groupe

J'apprends et je m'exerce

- Quand on **cite** un verbe, on le cite à l'**infinitif**. C'est à l'infinitif que les verbes sont désignés dans le dictionnaire : *enflammer : mettre en flammes*.

1 * **Surlignez les infinitifs.**

J'adore lire des contes, mais ils sont parfois terrifiants et me font trembler. Comment ne pas être horrifié en lisant l'histoire de Barbe Bleue, comment ne pas pleurer en lisant *La Petite Sirène* ? Heureusement, les contes nous font aussi rêver et parfois réfléchir.

2 ** **Donnez l'infinitif de ces formes verbales.**

je partais : .... • nous finissons : ....
ils viendront : .... • tu es descendu : ....
vous avez appris : .... • elle eut : ....

Pour trouver l'**infinitif** d'un verbe, on le fait précéder de *je (tu...) dois... :* *tu vas → tu dois **aller**.*

- Les verbes sont classés selon leur **infinitif**.
- Verbes en *-er*, sauf *aller* (1er groupe) : *chanter, manger, danser...*
- Verbes en *-ir* dont le présent de l'indicatif est en *-is*, *-issons* (2e groupe) : *aboutir → j'aboutis, nous aboutissons.*

3 * **Donnez l'infinitif de ces formes verbales. Entourez sa terminaison.**

j'explique, nous expliquons : .... • je finis, nous finissons : ....
tu obéis, vous obéissez : .... • tu cries, vous criez : ....
il réussit, ils réussissent : .... • elle joue, elles jouent : ....

- On classe les **autres verbes** dans une autre catégorie : le 3e groupe.
  - verbes en *-ir* dont le présent de l'indicatif **n'est pas** en *-is, -issons* : *partir, venir...*
  - verbes en *-re* et en *-oir* : *prendre, croire, rire, faire, voir, pouvoir...*
  - verbe *aller*.
- Les verbes *être* et *avoir* n'appartiennent à aucun groupe.

4 * **Donnez l'infinitif de ces formes verbales. Entourez les infinitifs du 3e groupe.**

je lisais : .... • tu avais préféré : .... • elle agit : ....
nous trouvions : .... • ils comprennent : .... • vous ferez : ....
je vais : .... • tu diras : .... • elle sera : ....
il saura : .... • tu rougis : .... • je partis : ....

ÉCRIRE **5** **Vous prenez six bonnes résolutions. Rédigez-les en mettant leurs verbes à l'infinitif. Utilisez des verbes de toutes les catégories.**

28 Le présent de l'indicatif

d'autres exercices numériques
bordas.media/733820_051

Mon objectif : savoir conjuguer et employer le présent de l'indicatif

J'observe et je réfléchis

1 – Tu sembles très intéressée par ce que tu lis.
– Oui, c'est vrai. Je découvre l'épisode entre Ulysse et Calypso, dans l'*Odyssée*.

a. Relevez les verbes au présent de l'indicatif, soulignez leur terminaison, donnez leur infinitif.

....

b. Ces verbes situent les faits :
dans le passé ☐ • au moment où l'on parle ☐ • dans l'avenir ☐

J'apprends et je m'exerce

- Être : *je suis, tu es, il est, nous sommes, vous êtes, elles sont*
- Avoir : *j'ai, tu as, elle a, nous avons, vous avez, elles ont*
- Aller : *je vais, tu vas, il va, nous allons, vous allez, ils vont*

2 * **Mettez chaque verbe souligné dans la colonne correspondant à son infinitif.**

1. Où vont-ils ? Ils sont bien pressés. Oui, en effet, ils ont un train dans dix minutes.
2. Nous allons au cirque. Nous avons des places. Es-tu d'accord pour venir avec nous ?

être	avoir	aller
....	....	....

3 ** **Complétez ces phrases avec les verbes *être*, *avoir* ou *aller* au présent.**

1. Si vous .... froid et si vous .... peu couverts, vous .... vous enrhumer.
2. Les enfants .... dans leur chambre. Ils .... du travail, mais ils .... bientôt dîner.

- Au présent, les verbes en -*er* (1er groupe) ont les terminaisons -*e*, -*es*, -*e*, -*ons*, -*ez*, -*ent* : *rester → je reste, tu restes, il reste, nous restons, vous restez, ils restent.*

4 * **Mettez ces verbes au présent, à la personne indiquée.**

Il peut y avoir une différence d'**accentuation** entre l'infinitif et le présent.

(secouer) je .... • *(crier)* tu .... • *(lever)* elle ....
(passer) nous .... • *(serrer)* vous .... • *(céder)* ils ....
(remuer) je .... • *(révéler)* tu .... • *(apprécier)* elle ....
(amener) nous .... • *(répéter)* vous .... • *(achever)* ils ....

- Les verbes en -*cer* prennent *ç* devant -*ons* : *lancer → je lance, nous lançons.*
- Les verbes en -*ger* prennent *e* devant -*ons* : *nager → je nage, nous nageons.*
- Les verbes en -*yer* changent *y* en *i* devant un *e* muet : *nettoyer → je nettoie.*

5 **Mettez ces verbes au présent, à la première personne du singulier et du pluriel.**

* a. 1. *(appuyer)* j' .... / nous ....
2. *(ranger)* je .... / nous ....
3. *(pincer)* je .... / nous ....

> Les verbes en **-ayer** peuvent garder le **y** dans tous les cas : *payer* → *je paie* ou *je paye*.

** **b.** 4. *(envoyer)* j' ………………… / nous …………………

5. *(rayer)* je ………… ou je ………… / nous …………………

6. *(devancer)* je ………………… / nous …………………

7. *(partager)* je ………………… / nous …………………

- Les verbes en *-eler* et *-eter* prennent un **accent grave** devant un *e* muet : ***acheter*** → *j'achète* • ***geler*** → *je gèle*.
- Seuls les verbes *appeler*, *jeter* et leurs composés font exception à cette règle et doublent la consonne : ***appeler*** → *j'appelle* • ***jeter*** → *je jette*.

6 * **Mettez ces verbes au présent, à la deuxième personne du singulier et du pluriel.**

1. *(rejeter)* tu ………………… / vous …………………
2. *(acheter)* tu ………………… / vous …………………
3. *(appeler)* tu ………………… / vous …………………
4. *(congeler)* tu ………………… / vous …………………

- Les **verbes en *-ir*, *-issant*** (2e **groupe**) ont les terminaisons ***-is***, ***-is***, ***-it***, ***-issons***, ***-issez***, ***-issent*** : ***rougir*** → *je rougis, nous rougissons*.

7 * **Mettez ces verbes au présent, à la personne indiquée.**

(punir) je ………… • *(grossir)* tu ………… • *(finir)* elle …………

(gémir) nous ………… • *(trahir)* vous ………… • *(durcir)* ils …………

- La plupart des **autres verbes** (**3e groupe**) ont les terminaisons *-s*, *-s*, *-t*, *-ons*, *-ez*, *-ent*.
- Les verbes en *-dre* prennent *-ds*, *-ds*, *-d* (***prendre*** : *je prends, il prend*), sauf les verbes en *-indre* et *-soudre* qui perdent le *-d* (***peindre*** : *je peins* ; ***résoudre*** : *tu résous*).

8 * **Mettez ces verbes au présent, à la personne indiquée.**

(courir) je ………… • *(mettre)* tu ………… • *(savoir)* elle …………

(fuir) nous ………… • *(écrire)* vous ………… • *(suivre)* ils …………

9 ** **Complétez les verbes au présent.**

je ven……… • tu vien……… • il ten……… • je tien……… • tu ten……… • il crain………

je pein……… • tu pen……… • je ren……… • tu étein……… • il tor……… • je mou………

tu résou……… • il dissou……… • tu cou………

- Voici quelques verbes **irréguliers** : ***apercevoir*** : *j'aperçois, nous apercevons* • ***devoir*** : *je dois, nous devons* • ***dire*** : *je dis, nous disons, vous dites* • ***faire*** : *je fais, nous faisons, vous faites* • ***pouvoir*** : *je peux, nous pouvons* • ***vouloir*** : *je veux, nous voulons…*

10 **Mettez ces verbes au présent, à la personne indiquée.**

> N'hésitez pas à consulter les **tableaux de conjugaison**.

* **a.** *(savoir)* je ………… • *(pouvoir)* tu ………… • *(faire)* vous …………

(devoir) elle ………… • *(boire)* nous ………… • *(croire)* ils …………

** **b.** *(prévoir)* ils ………… • *(défaire)* vous ………… • *(devenir)* elles …………

(décevoir) tu ………… • *(vouloir)* ils ………… • *(conduire)* nous …………

- Le présent peut **exprimer** des faits :
  – qui se produisent au moment où on parle (**présent d'actualité**) : *À qui téléphones-tu ?*
  – qui **se répètent** (**présent d'habitude**) : *Tous les soirs, elle lit avant de s'endormir.*
  – qui sont **vrais** de tout temps (**présent de vérité générale**) : *Le papillon est un insecte.*

Cherchez dans la phrase les **indices** qui mettent sur la voie.

11 * **Dites si les verbes sont au présent d'actualité, d'habitude ou de vérité générale.**

1. Le dimanche, elle fait la grasse matinée. ....
2. Un triangle isocèle a deux côtés égaux. ....
3. Tu as une coccinelle dans les cheveux. ....

- Le **présent de narration** est utilisé pour raconter des faits **passés** et les rendre plus vivants :
  Ce matin-là, l'ogre se réveille de mauvaise humeur. Il a très faim !

12 * **Réécrivez ce récit au présent.**

La nymphe Calypso retenait Ulysse prisonnier. Un jour, elle le vit assis sur le rivage. Ses yeux étaient baignés de larmes, tant était fort son désir de retourner parmi les siens.

D'après HOMÈRE, *Odyssée*, VIIIe s. av. J.-C.

....
....
....

J'utilise ce que j'ai appris...

POUR LIRE 13 Émue, la divine Calypso tient à Ulysse ce langage : « Je ne veux plus te voir gémir et souffrir. Je te conseille de construire un large radeau qui te permettra de rejoindre ta patrie, car c'est peut-être la volonté des dieux. »

Mais Ulysse hésite. La rusée ne médite-t-elle pas sa perte en le faisant voyager sur un simple radeau ? Il construit cependant l'embarcation et prend la mer.

D'après HOMÈRE, *Odyssée*, VIIIe s. av. J.-C.

a. Soulignez les huit verbes au présent et donnez leur infinitif.

- .... - .... - .... - ....
- .... - .... - .... - ....

b. Dans le dernier paragraphe, le présent est-il d'actualité ou de narration ?

....

a. 1 point par réponse juste ; b. 2 points ■ Ma note : .... / 10

POUR DIRE 14 [en groupe] **Un élève reprend la dernière phrase du texte ci-dessus et imagine une suite aux aventures d'Ulysse, qu'il raconte au présent. Un autre élève fait de même et imagine une suite différente. Renouvelez plusieurs fois l'exercice.**

POUR ÉCRIRE 15 **Racontez au présent ce qu'est, pour vous, une journée de vacances habituelle.**
Pour structurer votre texte, utilisez des repères de temps, tels que :
le matin, l'après-midi, vers... heures, etc. Soulignez les verbes au présent.

29 L'imparfait de l'indicatif

d'autres exercices numériques
bordas.media/733820_054

Mon objectif : savoir conjuguer et employer l'imparfait de l'indicatif

J'observe et je réfléchis

1 Tout au fond des océans se trouvait le palais du roi des Mers. Les murs étaient en corail et des coquillages multicolores couvraient le toit. Là vivaient le roi des Mers et ses six filles, six ravissantes sirènes.

D'après Hans Christian ANDERSEN, *La Petite Sirène*, 1837.

a. **Entourez la terminaison des verbes.**

b. **Ces verbes situent les faits :**

dans le passé ☐ • au moment où l'on parle ☐ • dans l'avenir ☐

Ils expriment des actions :

dans leur durée ☐ • qui se sont produites une seule fois ☐

J'apprends et je m'exerce

- L'imparfait se forme avec les terminaisons *-ais*, *-ais*, *-ait*, *-ions*, *-iez*, *-aient* ajoutées au radical. Ce radical est celui de la 1re personne du pluriel du présent :
  finir → présent : *nous finiss-ons* → imparfait : *je finissais, nous finissions.*
- Le verbe *être* ne suit pas cette règle : *j'étais, nous étions.*

2 * **Mettez ces verbes : a. au présent, à la 1re personne du pluriel. Placez une barre transversale entre le radical et la terminaison.** Exemple : *dire* → *nous dis/ons.*
b. à l'imparfait, à la personne indiquée. Entourez la terminaison. Exemple : *je dis[ais].*

	a. présent	b. imparfait
partir	nous	je ....
rougir	nous	tu ....
faire	nous	il ....
prendre	nous	nous ....
crier	nous	vous ....

3 * **Complétez ce tableau.**

Le *i* des terminaisons *-ions*, *-iez* des verbes en *-ier*, *-iller*, *-yer*, *-gner* s'entend mal. Il ne faut pas l'oublier : *nous riions.*

infinitif	présent	imparfait
fuir	nous	nous ....
supplier	vous	vous ....
payer	nous	nous ....
peindre	vous	vous ....
peigner	nous	nous ....
veiller	vous	vous ....

4 ** **Mettez chaque forme verbale dans la colonne correspondant à son temps.**

vous pliez • vous jouiez • vous veniez • vous sciez • vous teniez • vous étudiez

présent	imparfait
....	....

- Les verbes en *-guer* gardent le *u* à toutes les personnes *(dialoguer : je dialoguais)*.
  Les verbes en *-ger* prennent un *e* devant *a* *(manger : tu mangeais)*.
  Les verbes en *-cer* prennent un *ç* devant *a* *(lancer : il lançait)*.

5 ***** **Mettez ces formes verbales à l'imparfait.**

je devance : je .... • tu ranges : tu .... • il navigue : il ....

je pince : je .... • tu bouges : tu .... • il vogue : il ....

- L'imparfait s'emploie pour des faits **passés** considérés dans leur **durée** ou leur **déroulement**.
  *La fête du village **se déroulait** dans la bonne humeur.*
- Il s'emploie souvent pour exprimer un fait **répété** ou **habituel** dans le passé.
  *Il **jouait** de la guitare tous les soirs.*
- Dans un **récit au passé**, l'imparfait est le temps de la **description** et des faits **secondaires** (faits d'« arrière-plan »), par rapport aux faits principaux au passé simple (→ p. 57).
  *Des platanes **ombrageaient** l'avenue.*

6 ****** **Soulignez les imparfaits. Indiquez s'ils expriment un fait considéré dans sa durée, un fait habituel, ou s'ils servent à décrire.**

1. Chaque jour, elle promenait son chien en rentrant du collège. ....
2. Le lierre recouvrait la façade, les volets étaient peints en vert. ....
3. La pluie tombait inlassablement. ....
4. Des hirondelles revenaient faire leur nid, au printemps. ....

J'utilise ce que j'ai appris...

POUR LIRE **7** Hermès, le messager des dieux, arriva sur l'île de la nymphe Calypso. Il se rendit dans la grotte où elle venait chaque jour. Calypso tissait une toile avec une navette d'or et chantait d'une voix harmonieuse. Une forêt épaisse entourait la grotte et dans la plaine scintillaient quatre sources d'eau limpide.

D'après HOMÈRE, *Odyssée*, VIIIe s. av. J.-C.

a. **Relevez les verbes à l'imparfait et indiquez leur infinitif.**

....

....

b. **Lesquels indiquent des faits en train de se dérouler ?** ....

c. **Lequel exprime un fait habituel ?** ....

d. **Lesquels servent à décrire ?** ....

1 point par réponse juste ■ Ma note : .... / 10

POUR DIRE **8** **Décrivez à l'imparfait un spectacle qui vous a impressionné(e) : orage, feu d'artifice, coucher de soleil, tempête sur la mer...**

POUR ÉCRIRE **9** **Racontez, à l'imparfait, une journée d'école type, lorsque vous étiez en CM2.**

Autoévaluation

	Oui	Non
J'ai respecté le sujet : une journée d'école en CM2.		
J'ai utilisé l'imparfait et vérifié la terminaison des verbes.		
J'ai employé des repères de temps pour structurer mon texte.		

Utilisez des **repères de temps**, tels que : *le matin, l'après-midi, vers... heures, etc.*

J'ai obtenu : ■ **1 oui** = Je remanie profondément le devoir. ■ **2 oui** = Je fais toutes les corrections. ■ **3 oui** = C'est bien.

30 Le passé simple de l'indicatif

d'autres exercices numériques
bordas.media/733820_056

Mon objectif : savoir conjuguer et employer le passé simple de l'indicatif ; distinguer le passé simple et l'imparfait

J'observe et je réfléchis

1 Un matin, un œuf **s'ouvrit** ; la coquille **se brisa**, on **entendit** : *Pip, pip !* et une petite tête de canard **apparut**. Le lendemain il en **arriva** une autre, puis une troisième.

D'après Hans Christian ANDERSEN, *Le Vilain Petit Canard*, 1843.

a. Donnez l'infinitif des verbes en gras. ....

....

b. Ces passés simples expriment des faits :

habituels ☐ situés à un moment précis du passé ☐

J'apprends et je m'exerce

- verbes en *-er* (1er groupe et *aller*) → passé simple en *-ai, -as, -a, -âmes, -âtes, -èrent* :
rester, je restai, tu restas, il resta • aller, nous allâmes, vous allâtes, ils allèrent.

Devant **a**, les verbes en **-cer** prennent **ç**, ceux en **-ger** prennent **e** : *je lançai, tu nageas.*

2 * **Mettez ces verbes au passé simple à la personne indiquée.**

marcher : je .... nous .... • aller : tu .... vous ....

rincer : il .... ils .... • arriver : j'.................. nous ....

rayer : je .... tu .... • ranger : elle .... elles ....

Les verbes en **-guer** gardent toujours le **u** : *il dialogua.*

3 ** **Ces formes verbales sont au présent, mettez-les au passé simple.**

je lève : .... • ils vont : ....

tu avances : .... • elle crie : ....

il navigue : .... • nous appelons : ....

je mange : .... • elles jettent : ....

- verbes en *-ir, -issant* (2e groupe) → passé simple en *-is, -is, -it, -îmes, -îtes, -irent* :
finir → je finis, tu finis, il finit, nous finîmes, vous finîtes, ils finirent.

4 * **Mettez ces formes verbales au passé simple.**

je rougis : .... • tu grandis : .... • elle réussit : ....

nous finissons : .... • ils punissent : ....

- verbes du 3e groupe en *-ir (-ant), -oir, -re* → passé simple en :
-is, -is, -it, -îmes, -îtes, -irent : *faire, je fis • dire, tu dis • prendre, il prit, ils prirent*
-us, -us, -ut, -ûmes, -ûtes, -urent : *lire, je lus • vouloir, tu voulus • pouvoir, ils purent*
- *tenir, venir* → passé simple en *-ins, -ins, -int, -înmes, -întes, -inrent* :
venir, je vins, tu vins, il vint, nous vînmes, vous vîntes, elles vinrent

5 ** **Mettez ces verbes à la personne indiquée.**

dire : je .... • prendre : tu .... • faire : il ...., ils .... • voir : je ....

vouloir : nous .... • lire : vous .... • pouvoir : il ...., ils ....

savoir : il .... • tenir : je ...., nous .... • venir : tu ....

devenir : il ...., ils ....

- *être* : *je fus, tu fus, il fut, nous fûmes…* *avoir* : *j'eus, tu eus, il eut, nous eûmes…*

6 * **Mettez ces formes verbales au passé simple.**

elle était : .... • je serai : .... • tu as : ....

nous avions : .... • il est : .... • elles seront : ....

Passé simple = faits de « premier plan ». **Imparfait** = faits d'« arrière plan ».

- Le **passé simple** s'emploie dans les **récits écrits** qui racontent des événements **passés**. Il sert à traduire des faits **précis**, **uniques**, qui font **progresser** l'histoire racontée.
  *À midi un orage **éclata**. Le tonnerre **gronda**. Nous **courûmes** nous abriter.*
- Le passé simple **s'oppose à l'imparfait** qui est utilisé dans les **descriptions** ou pour exprimer soit des faits **habituels**, soit des faits considérés dans leur **déroulement**.
  *La nuit **était** calme. Tout **dormait**. Soudain un vacarme **retentit**.*

7 ** **Réécrivez ces phrases, en utilisant des imparfaits et des passés simples.**

Le petit canard se cache au plus épais des joncs, pendant que les balles sifflent à travers les airs et que les détonations se suivent sans cesse. Puis les chasseurs s'en vont. Après bien des précautions, il sort de l'eau et s'enfuit aussi vite qu'il peut.

D'après Hans Christian ANDERSEN, *Le Vilain Petit Canard*, 1843.

....

....

....

....

....

J'utilise ce que j'ai appris…

POUR LIRE 8

« Levez-vous » *(dire)* .... le professeur. Il *(se lever)* .... ; sa casquette *(tomber)* .... Toute la classe *(se mettre)* .... à rire. Il *(se baisser)* .... pour la reprendre. Un voisin la *(faire)* .... tomber d'un coup de coude ; il la *(ramasser)* .... encore une fois. Il y *(avoir)* .... un rire éclatant des écoliers. […] Il *(se rasseoir)* .... et la *(poser)* .... sur ses genoux.

D'après Gustave FLAUBERT, *Madame Bovary*, 1857.

Mettez les verbes entre parenthèses au passé simple.

1 point par réponse juste ■ Ma note : .... / 10

POUR DIRE 9 **Imaginez une suite au texte de l'exercice 7 et racontez-la à vos camarades. Utilisez des passés simples pour les actions successives qui font progresser l'histoire.**

POUR ÉCRIRE 10

À partir de cette image, construisez un récit au passé qui contiendra quelques petites descriptions.
Vous mettrez : au passé simple, les faits précis qui se sont succédé ; à l'imparfait, les descriptions. Vous utiliserez des CC de temps pour situer les faits dans le temps.

31 Le passé composé et le plus-que-parfait de l'indicatif

➕ d'autres exercices numériques bordas.media/733820_058

Mon objectif : **savoir conjuguer et employer le passé composé et le plus-que-parfait de l'indicatif**

J'observe et je réfléchis

1 Un enfant **était né** dans une famille très pauvre. On **avait prédit** à ses parents que leur fils épouserait la fille du roi. Quand le roi **a appris** cette nouvelle, il **est allé** chez les parents et leur **a proposé** une somme importante pour qu'ils lui confient leur fils. Les parents, qui n'**avaient** jamais **vu** autant d'or, **ont accepté** pour que leur enfant reçoive une bonne éducation.

D'après Jacob et Wilhelm GRIMM, *Les Trois Cheveux d'or du diable*, 1812.

Classez les verbes en rouge, composés d'un auxiliaire et du participe passé du verbe,

a. **selon l'auxiliaire utilisé :** *être* : ……………………………………

avoir : ……………………………………

b. **selon le temps de l'auxiliaire :** présent : ……………………………………

imparfait : ……………………………………

J'apprends et je m'exerce

- Le **passé composé** se forme avec le **présent** de l'auxiliaire ***être*** ou ***avoir***, selon les verbes, suivi du **participe passé** du verbe : *prendre → j'ai pris ; venir → tu es venu(e).*
- La plupart des verbes se conjuguent avec ***avoir***. Certains se conjuguent avec ***être***, comme : *aller, arriver, devenir, mourir, naître, partir, rester, sortir, tomber, venir.*

Pour trouver le **participe passé** d'un verbe, → p. 82.

2 ✱ **Complétez ces passés composés avec *a* ou *est*.**

Elle ……… retenu la leçon. • Il ……… parti tôt. • Elle ……… trouvé la réponse. • Il ……… allé dans le jardin. • Elle ……… tombée malade. • Il ……… appelé son camarade.

Avec ***être***, n'oubliez pas d'accorder le participe passé avec son sujet.

3 ✱ **Mettez ces formes verbales au passé composé. Accordez les participes passés qui sont employés avec l'auxiliaire *être*.**

il prend : ……………… • nous avons : ………………
vous devenez : ……………… • elles craignent : ………………
je suis : ……………… • tu sais : ………………
elle part : ……………… • nous arrivons : ………………

- Le passé composé s'emploie dans un **dialogue** pour exprimer une action située **avant** une autre action qui, elle, est au **présent**. *Je mange les cerises que j'ai cueillies.*
L'action de *cueillir* s'est produite avant celle de *manger* : elle est **antérieure**.
- Dans un **récit** en langue courante, le passé composé **remplace le passé simple**.
*Pendant les vacances, ils **ont décidé** de construire une cabane.* (niveau courant)
Pendant les vacances, ils décidèrent de construire une cabane. (niveau soutenu)

4 ✱ **Réécrivez ce récit en remplaçant les passés simples par des passés composés.**

Le roi mit le nouveau-né dans une boîte, chevaucha jusqu'à la rivière et la jeta. Mais la boîte se mit à flotter, dériva et s'arrêta contre l'écluse d'un moulin.

D'après Jacob et Wilhelm GRIMM, *Les Trois Cheveux d'or du diable*, 1812.

……………………………………
……………………………………
……………………………………

5 ** **Mettez les verbes entre parenthèses au temps voulu : présent ou passé composé.**

1. Elle ne *(savoir)* .... plus où elle *(mettre)* .... ses clés.
2. Il *(aller)* .... au théâtre et depuis il *(vouloir)* .... être comédien.
3. Jusqu'au mois dernier, elle nous *(donner)* .... de ses nouvelles.
4. Hier, je (j') *(être)* .... malade, mais maintenant je *(aller)* .... bien.

- Le plus-que-parfait se forme avec l'**imparfait** de l'auxiliaire ***être*** ou ***avoir***, selon les verbes, suivi du **participe passé** du verbe : ***prendre** → j'avais pris ; **venir** → tu étais venu(e).*

6 * **Mettez ces verbes à la personne indiquée du plus-que-parfait.**

- rester : j'..
- faire : il ....
- devenir : vous ....
- apprendre : j'..
- savoir : tu ....
- créer : nous ....
- recevoir : elles ....
- conduire : tu ....

- Le **plus-que-parfait** s'emploie généralement pour exprimer un fait **passé** situé **avant** un autre **fait** passé (à l'imparfait, au passé composé ou au passé simple).
*Ils jouèrent enfin la pièce qu'ils **avaient répétée** pendant des mois.*

7 ** **Mettez chaque verbe à l'imparfait ou au plus-que-parfait.**

1. Marie *(lire)* .... avec attention le message qu'elle *(recevoir)* ....
2. Ils *(corriger)* .... la dictée qu'ils *(faire)* ....
3. Je *(ne pas remarquer)* .... que tu *(être)* .... là.

J'utilise ce que j'ai appris…

POUR LIRE **8** **Voici la suite du texte de l'exercice 4.**

Un garçon meunier a repêché la boîte. Il a apporté le bébé au moulin où le meunier et sa femme l'ont adopté. Longtemps après, le roi, surpris par la pluie, est entré dans le moulin. Là, il a compris que sa ruse n'avait servi à rien et que le jeune homme était l'enfant qu'il avait jeté à la rivière. Pour lui tendre un piège, il lui a proposé : « Voici deux pièces d'or pour apporter cette lettre à la reine. »

D'après Jacob et Wilhelm Grimm, *Les Trois Cheveux d'or du diable*, 1812.

a. Mettez entre crochets les six passés composés. Puis cochez la bonne réponse : ..../7

Ils remplacent des passés simples. ☐ • Ils expriment un fait antérieur à un autre. ☐

b. Entourez les deux plus-que-parfaits. Soulignez les verbes par rapport auxquels ils expriment un fait antérieur. ..../3

Ma note : ..../ 10

POUR DIRE **9** **À tour de rôle, racontez la suite que vous imaginez pour le conte ci-dessus. Faites le récit au passé composé, mais essayez d'employer au moins un plus-que-parfait. Utilisez des imparfaits, si c'est nécessaire.**

POUR ÉCRIRE **10** **a. Écrivez 2 phrases sur ce schéma, en respectant les temps :**
Je récompense la personne qui m'a rapporté mon chat.
b. Réécrivez 2 fois vos phrases en utilisant le passé composé, puis le plus-que-parfait.

Vos phrases devront être très **différentes** de celle de l'exemple.

32 Le futur de l'indicatif

➕ d'autres exercices numériques
bordas.media/733820_060

Mon objectif : savoir conjuguer et employer le futur de l'indicatif

J'observe et je réfléchis

1 Demain nous marcherons en forêt. Après le déjeuner, vous ramasserez soigneusement les déchets et les emporterez avec vous. Ainsi la forêt ne sera pas inutilement polluée.

a. Soulignez les verbes et indiquez leur infinitif.

....

b. Ils indiquent des faits situés :

dans le présent ☐ • dans le passé ☐ • dans l'avenir ☐.

J'apprends et je m'exerce

- Au futur, tous les verbes ont les terminaisons *(-r)ai, (-r)as, (-r)a, (-r)ons, (-r)ez, (-r)ont* :
Tu recevras un message que je t'enverrai bientôt. Il t'étonnera.

2 * **Complétez les verbes au futur avec ces terminaisons.**

-ras -ra -rons -rez -ront -rai

tu arrive.................... • nous observe.................... • elles pour....................
il rempli.................... • je comprend.................... • vous viend....................
je situe.................... • tu mett.................... • nous agi....................

- Formation du futur des verbes en *-er* (1er groupe) et en *-ir*, *-issant* (2e groupe) :
infinitif du verbe + **terminaisons** *-ai, -as, -a, -ons, -ez, -ont* :
regarder (infinitif) → *je regarderai* (futur) • *agir* → *tu agiras*

3 * **Mettez ces verbes au présent et au futur, à la personne indiquée.**

dessiner : je .... • je ....
crier : tu .... • tu ....
nourrir : elle .... • elle ....
remuer : nous .... • nous ....
surgir : vous .... • vous ....
créer : ils .... • ils ....

- **Cas particuliers :** ***lever*** *: je lèverai* • ***appeler*** *: j'appellerai* • ***geler*** *: je gèlerai* • ***jeter*** *: je jetterai* • ***acheter*** *: j'achèterai* • ***essuyer*** *: j'essuierai.*

4 * **Mettez ces verbes au présent et au futur, à la personne indiquée.**

relever : tu .... ; tu .... • appuyer : il .... ; il ....
jeter : nous .... ; nous .... • acheter : vous .... ; vous ....
répéter : je .... ; je .... • semer : vous .... ; vous ....
projeter : nous .... ; nous ....
nettoyer : vous .... ; vous ....

5 ** **Soulignez les verbes au futur.**

il cira • il sciera • tu plieras • tu admiras • je dévorai • je rêverai • nous dirons • nous errons

Autres verbes : **pouvoir** : *je pourrai* ; **savoir** : *je saurai* ; **voir** : *je verrai* ; **apercevoir** : *j'apercevrai.*

- Les autres verbes [3e groupe] forment le futur sur un radical souvent **différent** de l'infinitif : ***courir*** → *je courrai* • ***devoir*** → *je devrai* • ***faire*** → *je ferai* • ***mourir*** → *je mourrai.*
- Les verbes *être*, *avoir* et *aller* ont un futur irrégulier : ***être*** → *je serai* • ***avoir*** → *j'aurai* • ***aller*** → *j'irai.*

6 * **Mettez ces verbes au présent et au futur, à la personne indiquée.**

être : je .... ; je .... • savoir : tu .... ; tu ....
pouvoir : il .... ; il .... • vouloir : nous .... ; nous ....
avoir : elles .... ; elles .... • revoir : je .... ; je ....

7 ** **Ces formes verbales sont au présent, mettez-les au futur.**

ils atteignent : .... • tu suis : ....
nous tenons : .... • elles envoient : ....
je permets : .... • vous défaites : ....
j'accours : .... • tu vas : ....
nous croyons : .... • j'aperçois : ....

- Le futur s'emploie :
  – pour **situer** un fait dans l'**avenir** : *Demain nous assisterons à un match.*
  – pour donner un **ordre** : *Tu rangeras ta chambre.*

8 **Soulignez les futurs qui situent dans l'avenir, entourez ceux qui expriment un ordre.**

* a. 1. Tu ne regarderas pas la télévision, ce soir ! Il faut que tu travailles !
2. Je ne regarderai pas la télévision, ce soir, puisque j'irai au cinéma.

** b. 3. Je reviendrai dans deux heures. Mais, toi, tu ne bougeras pas d'ici !
4. Vous fermerez soigneusement la porte, quand vous sortirez.

J'utilise ce que j'ai appris...

POUR LIRE **9** *Le renard s'adresse au petit prince.* Si tu m'apprivoises, ma vie sera comme ensoleillée. Je connaîtrai un bruit de pas qui sera différent de tous les autres. [...] Je te regarderai du coin de l'œil et tu ne diras rien. Le langage est source de malentendus. Mais, chaque jour, tu pourras t'asseoir un peu plus près...

Antoine DE SAINT EXUPÉRY, *Le Petit Prince*, © Gallimard, 1943.

Relevez les verbes au futur et écrivez leur infinitif.

....

....

1 point par futur et infinitif juste ■ Ma note : .... / 10

POUR DIRE **10** [en groupe] **Présentez à plusieurs, au futur, ce que vous envisagez de faire quand vous serez adultes.**

POUR ÉCRIRE **11** **Vous imaginez que vous êtes un devin ou une voyante et que vous prédisez l'avenir à un(e) camarade. Rédigez vos prédictions au futur.**
Soulignez les verbes au futur. Plusieurs d'entre eux seront à la 2e personne du singulier.
Si possible, donnez un ton humoristique à votre texte.

33 Le présent du conditionnel

d'autres exercices numériques
bordas.media/733820_062

Mon objectif : savoir conjuguer et employer le présent du conditionnel

J'apprends et je m'exerce

- Le **présent du conditionnel** est formé sur le **même radical** que le **futur** de l'indicatif (→ p. 60), avec des **terminaisons** identiques à celles de l'**imparfait** (→ p. 54) : ***faire***, futur : *je ferai* → conditionnel : *je ferais, tu ferais, il ferait, nous ferions, vous feriez, elles feraient*.

1 * **Mettez ces verbes au futur de l'indicatif et au présent du conditionnel.**

être : je .... ; je .... • avoir : tu .... ; tu ....
appeler : il .... ; il .... • jeter : nous .... ; nous ....
venir : vous .... ; vous .... • savoir : elles .... ; elles ....

2 ** **Mettez ces formes verbales au présent du conditionnel.**

Courir et *mourir* doublent le **r** : *je courrais, il mourrait.*

je cours : .... • tu vas : ....
il crie : .... • nous essuyons : ....
vous voyez : .... • elles veulent : ....
je mets : .... • ils meurent : ....

3 * **Mettez ces formes verbales au présent du conditionnel.**

Cendrillon *(être)* .... heureuse d'aller au bal, comme ses sœurs. Elle *(aimer)* .... quitter sa condition misérable, l'espace d'une soirée. La bonne fée a promis qu'elle l'*(aider)* ....

- Le **conditionnel** exprime un fait **incertain** :
un fait **imaginaire** *(je serais invisible)*, un fait **possible** *(le match serait reporté)*,
un fait dépendant d'une **condition** *(si tu m'aidais, j'irais plus vite)*.

4 ** **Associez chaque conditionnel en gras à son emploi.**

1. Si j'avais une échelle, je **cueillerais** des pommes. •
2. Je **serais** un goéland et je **volerais** librement. •
3. Un cinéma **ouvrirait** bientôt dans la rue. •

• fait imaginaire
• fait dépendant d'une condition
• fait possible

5 ** **Écrivez la terminaison des verbes, au futur ou au présent du conditionnel.**

Pour **différencier** le **futur** *(-rai)* et le **conditionnel** *(-rais)*, on met le verbe à la 3e pers. du singulier : *j'irai → il ira*, *j'irais → il irait.*

1. Cet été, je fer.......... un stage de voile, mais j'aimer.......... bien le faire avec mon cousin.
2. Je passer.......... te voir dimanche, mais je ne voudr.......... pas te déranger.
3. Si tu vas à la fête, j'ir.......... avec toi. / Si tu allais à la fête, j'ir.......... avec toi.
4. On pensait qu'elle gagner.......... le tournoi.

ÉCRIRE **6** **Dites ce que vous feriez si vous pouviez vous déplacer comme vous voulez dans l'espace et dans le temps. Utilisez surtout des verbes au conditionnel.**
Ne vous contentez pas de faire une liste de phrases simples au conditionnel.

Attention
Efforcez-vous d'éviter la monotonie et de donner un ton **personnel** à votre devoir.

34 L'impératif

d'autres exercices numériques
bordas.media/733820_063

Mon objectif : savoir former, orthographier et employer l'impératif

J'apprends et je m'exerce

- L'**impératif** se conjugue sans pronom personnel sujet : ***partir*** → *pars, partons, partez*.
- L'impératif présent a des formes semblables à celles de l'**indicatif** présent.
  Mais les verbes du **1er groupe** *(-er)* prennent *-e*, au lieu de *-es* :
  chanter → *chante, chantons, chantez*.
- Voici quelques verbes irréguliers : ***être*** → *sois, soyons, soyez* ; ***avoir*** → *aie, ayons, ayez* ;
  savoir → *sache, sachons, sachez* ; ***aller*** → *va, allons, allez*.

1 * **Conjuguez ces verbes aux trois personnes de l'impératif**

appuyer : .... • subir : ....
secouer : .... • prendre : ....
craindre : .... • recevoir : ....

2 ** **Réécrivez ces phrases en remplaçant le présent de l'indicatif par un impératif.**

1. Tu vas à la bibliothèque. ....
2. Tu te reposes et tu ne fais rien. ....
3. Vous savez votre leçon. ....
4. Tu as confiance en nous. ....
5. Vous serez attentifs. ....

On met un *-s* quand on l'entend.

- On met un **trait d'union** entre l'impératif et les pronoms personnels qui le suivent :
  Donne-le-moi. Mais on écrit : *Donne-m'en.*
- Les verbes du **1er groupe** et ***aller*** prennent un **s** lorsqu'ils sont suivis de ***y*** ou de ***en*** :
  Donne des nouvelles. → *Donnes-en.* *Va à la mairie.* → *Vas-y.* (mais *va-t'en*)

3 ** **Mettez ces formes verbales à la 2e personne du singulier de l'impératif présent.**

Tu me les prêtes. .... • Tu y vas. ....
Tu nous invites. .... • Tu en parles. ....

- L'impératif sert à exprimer un **ordre** ou une **interdiction**, mais aussi un **conseil**, une **invitation**, une **prière** ou un **encouragement** (à la 1re personne du pluriel).

4 * **a. Réécrivez ces phrases en utilisant un impératif.**

1. Tu dois faire bien attention. ....
2. Tu te tais et tu arrêtes de remuer. ....
3. Nous devons persévérer encore. ....

** **b. Dites ce qu'exprime ce mode.**

Phrase 1. .... 2. .... 3. ....

ÉCRIRE 5 **Faites la liste de tous les conseils, ordres et interdictions que vous entendez dans une journée de la part de votre entourage.**
Vous n'utiliserez que des phrases impératives à l'impératif.
Vous rédigerez votre texte sur un ton humoristique.

35

Évaluation

Les verbes

Mon objectif : évaluer mes connaissances sur le verbe : conjugaison et emploi

Je récapitule mes connaissances

1 **Je complète avec la forme qui convient du verbe *parler*.**

infinitif **parler**

- passé simple : il ....
- imparfait : elle ....
- passé composé : elle ....
- présent : elle ....
- plus-que-parfait : il ....
- futur : il ....
- impératif : (2e pers. sing.) ....
- présent du conditionnel : elle ....

Je teste mes connaissances

2 **Je mets les verbes entre parenthèses au temps et au mode qui conviennent.**

1. En ce moment, je *(profiter)* .... du calme pour répéter le texte de l'exposé que je *(présenter)* .... demain devant mes camarades. Hier, j' *(terminer)* .... un beau panneau avec des photos. J' *(aimer)* .... que tout soit parfait !
2. Elle lisait le livre qu'elle *(acheter)* ....
3. Vous *(crier)* .... mais on ne vous entend pas.
4. Vous *(crier)* .... mais on ne vous entendait pas.
5. En passant devant une chaumière, le jeune homme *(voir)* .... d'étranges lueurs : c'était la demeure d'un magicien qui *(vivre)* .... là. Il *(frapper)* .... à la porte.

1 point par réponse juste ■ Ma note : .... / 10

J'applique mes connaissances...

POUR LIRE 3

Adam et Ève vivaient heureux dans un jardin merveilleux.
Le serpent était le plus rusé de tous les animaux des champs. Il s'adressa à la femme : « Est-ce que Dieu **a** vraiment **dit** : "Vous ne mangerez aucun fruit du jardin ?" » La femme répondit : « Nous pouvons manger les fruits du jardin, mais des fruits de l'arbre qui est au milieu du jardin, Dieu a dit : "Vous n'en mangerez pas. Si vous y touchiez, vous en mourriez." »
Le serpent dit : « Vous ne mourrez pas et vous saurez le bien et le mal. » La femme prit un fruit et en mangea. Elle en donna aussi à son mari.

D'après la *Bible*.

1. **Faites l'analyse complète des trois verbes soulignés : infinitif, personne, temps, mode.** 2 points par verbe : 6 points

....

....

....

....

2. **Indiquez le temps et le mode de ces formes verbales.** 6 points
   - vous mourez : ....
   - vous mourrez : ....
   - vous mourriez (l. 11) : ....

3. **Mettez le 1er verbe *(il était)* au présent, au passé composé et au plus-que-parfait, à la même personne.** 3 points

....

4. **Conjuguez le verbe en gras à toutes les personnes.** 3 points

....

5. a. **À quel temps sont les verbes des deux dernières phrases ?** .... 1 point
   b. **Ce temps sert à :**
   présenter le décor de l'action ☐ • **exprimer des faits qui se sont succédé dans le passé** ☐ 1 point

Ma note : .... / 20

POUR DIRE 4 **Avant de traiter le sujet ci-dessous, chacun raconte le récit qu'il va faire.**

Évaluation collective : **5 points** : intérêt de l'histoire racontée
10 points : exactitude dans le choix des temps
5 points : respect des règles du récit

Notre note : .... / 20

POUR ÉCRIRE 5 **Vous rêvez que vous vous retrouvez dans un pays inconnu et qu'un animal étrange vous adresse la parole. Racontez vos aventures et introduisez un petit dialogue dans votre récit.**
Les faits qui se succèdent dans votre récit seront au passé simple. Mettez à l'imparfait les descriptions et ce qui présente la situation. Dans le dialogue, vous utiliserez d'autres temps : présent, passé composé, etc.

1. Respectez les trois points importants du sujet : rêve, pays inconnu, animal étrange. 6 points
2. Racontez vos aventures à la première personne. 2 points
3. Introduisez un dialogue avec l'animal étrange. 4 points
4. Conjuguez chaque verbe au temps qui convient et orthographiez-le correctement. 8 points

Ma note : .... / 20

Évaluation des compétences travaillées

➥ Mémoriser les verbes fréquents aux temps simples, au conditionnel, à l'impératif ➥ Distinguer temps simples/temps composés ➥ Comprendre les principaux emplois des temps et des modes	**Ma note globale : .... / 70** ■ **Entre 0 et 17 :** maîtrise insuffisante. ■ **Entre 18 et 35 :** maîtrise fragile. ■ **Entre 36 et 53 :** maîtrise satisfaisante. ■ **Entre 54 et 70 :** très bonne maîtrise.

Reportez les résultats de l'évaluation p. 128.

36

Préparation à la dictée

Le long sommeil de la princesse

Mon objectif : mettre en pratique mes connaissances d'orthographe grammaticale et lexicale

1. Je prépare la dictée

Orthographe grammaticale

1. Complétez ces phrases avec *dans* (= *à l'intérieur de*) et *d'en* (= *de là* ou *de cela*).

Je n'aime pas être .... cet endroit. • J'ai hâte ....partir.

2. Les pronoms relatifs composés s'accordent en genre et en nombre avec leur antécédent : *lequel, laquelle, lesquels, lesquelles, duquel, desquels, desquelles...*
Complétez cette phrase avec un pronom relatif composé (l'antécédent est souligné).

Elle referma les <u>tiroirs</u> au fond ....elle avait trouvé ce qu'elle cherchait.

Conjugaison

3. Conjuguez les verbes : a. *mourir* ; b. *tenir*, au futur de l'indicatif (→ p. 61).

a. je .... tu .... il, elle ....
nous .... vous .... ils, elles ....

b. je .... tu .... il, elle ....
nous .... vous .... ils, elles ....

Orthographe lexicale

4. Trouvez des mots de la famille de *tapis*.

....

5. Barrez les mots mal orthographiés. fusau • fuseau • fusot

2. J'écris la dictée

Une méchante fée a lancé un mauvais sort à une petite princesse, le jour de son baptême. Mais une jeune fée est là.

....
....
....
....
....
....

D'après Charles Perrault, *La Belle au bois dormant, 1697.*

3. Je corrige mes fautes

Distinguez les fautes d'**accord**, de **conjugaison** et d'orthographe d'**usage**.

....
....
....
....
....

J'évalue ma dictée
2 points par faute de grammaire ou de conjugaison, 1 point par faute d'usage, 0,5 point par faute de ponctuation, d'accent d'usage, de majuscule. **Ma note :** .... **/20**

37

Préparation à la réécriture

Changer le sujet et changer le temps

Mon objectif : **réécrire un texte en opérant les transformations orthographiques demandées**

1. Réécrivez le texte en remplaçant *Elle* par *Ils*.

Elle se mit à prendre des bains de mer avec passion. Elle nageait à perte de vue, étant forte et hardie et sans conscience du danger. Elle se sentait bien dans cette eau froide, limpide et bleue qui la portait en la balançant.

Guy DE MAUPASSANT, *Une Vie*, 1883.

Je prépare la réécriture en vue de changer le sujet principal

1. **Entourez les verbes conjugués. Indiquez leur personne et leur nombre (singulier ou pluriel).**

....

2. **Indiquez la personne, le nombre et le genre du nouveau sujet.**

....

Je réécris le texte

....

....

....

....

J'évalue ma réécriture

J'ôte 1 point par faute sur les mots qui changent, 0,5 point par faute de copie.

Ma note : .... / 10

2. Réécrivez le texte en mettant les verbes au présent.

Vers l'orient, l'horizon pâlissait. Un coq chanta dans la ferme de droite ; d'autres répondirent dans la ferme de gauche. Leurs voix enrouées semblaient venir de très loin à travers la cloison des poulaillers ; et dans l'immense voûte du ciel, les étoiles disparaissaient.

Guy DE MAUPASSANT, *Une Vie*, 1883.

Je prépare la réécriture en vue de changer le temps du verbe principal

1. **Soulignez les verbes conjugués.**
2. **Assurez-vous que vous connaissez bien le nouveau temps demandé.**
3. **Lisez mentalement le texte en mettant les verbes au temps demandé.**

Je réécris le texte

....

....

....

....

J'évalue ma réécriture

J'ôte 1 point par faute sur les mots qui changent, 0,5 point par faute de copie.

Ma note : .... /10

Méthode

38 Comment me relire pour éviter les fautes d'orthographe ?

Mon objectif : **maîtriser la technique de relecture des textes, pour orthographier mes écrits**

1. Pour éviter les fautes d'accord, je pense à accorder

- **les verbes avec leur sujet**
  - Je pose les questions ***Qui est-ce qui ?*** ou ***Qu'est-ce qui ?*** + le **verbe**.
    Nos amis nous inviter~~ons~~. Qui est-ce qui *nous invitera* ? *Nos amis.*
    Donc : 3e personne du pluriel → *inviteront*.

- **les adjectifs qualificatifs avec les noms ou les pronoms**
  - Je pose les questions ***Qui est-ce qui est ?*** ou ***Qu'est-ce qui est ?*** + l'**adjectif**.
    Un livre de contes ~~neufs~~. Qu'est-ce qui est *neuf* ? *Le livre.*
    Donc : masculin, singulier → *neuf*.

- **les participes passés**
  - S'ils sont employés avec ***être***, je les **accorde** avec le **sujet**.
    Je pose les questions ***Qui est-ce qui ?*** ou ***Qu'est-ce qui ?*** + le **verbe**.
    Mes amies sont ~~repartis~~. Qui est-ce qui est *reparti* ? *Mes amies.*
    Donc : féminin, pluriel → *reparties*.
  - S'ils sont employés avec ***avoir***, je ne les **accorde pas** avec le **sujet**. (→ p. 82)
    Elles ont ~~finies~~. → Elles ont fini.

- **les déterminants avec les noms**
  - Je pose les questions ***Quel est le genre du nom ? Quel est le nombre du nom ?***
    Regarde ~~cette~~ arbre. → arbre : masculin, singulier **Donc** : *cet arbre*.

Je vérifie si j'ai compris

1. **Je corrige les quatre fautes d'orthographe.**
Les hirondelles sont revenu et loge sous le toit. Bientôt naîtrons des oisillons affamé.

....

2. Je différencie les mots qui se ressemblent

- **les terminaisons verbales ai/ais, rai/rais**
  - Pour les distinguer, je mets le **verbe** à la **3e personne du singulier**.
    Un soir, je ~~trouvais~~ un objet bizarre. → il trouva (passé simple) **Donc** : *je trouvai*.

- **les terminaisons verbales é(e), é(e)s/er**
  - Je remplace le **verbe** par un verbe du **3e groupe** (*prendre, venir*...).
    Ils vont ~~arrivés~~. → Ils vont venir. (infinitif) **Donc** : *arriver*.

- **les homonymes, tels que a/à, ou/où, et/est..**
  - Pour les distinguer, je fais des **remplacements** : *a → avait • ou → ou bien • est → était*...
    Nous allons ~~a~~ la plage. → ~~avait~~ la plage **Donc** : *à la plage*.

Je vérifie si j'ai compris

2. **Je réécris cette phrase en corrigeant les quatre fautes d'orthographe.**
Ils vont allés a la piscine où au cinéma. J'irais avec eux.

....

3. Pour éviter les fautes d'orthographe lexicale, je repère

- la lettre finale
  - Je cherche d'**autres mots** appartenant à la **même famille**.
    un ~~regar~~ → regarder → un regard
- les mots longs
  - Je les **détache** syllabe par syllabe :
    *~~expatrition~~ → ex / pa / tri / a / tion → **expatriation**.*
  - Je **décompose** certains mots en **préfixe, radical, suffixe** :
    *~~initelligible~~ → in / intellig / ible → **inintelligible**.*

Je vérifie si j'ai compris

3. a. Je réécris correctement ces mots : *un tapi • un galot • un refut • exat.*
b. J'indique un mot de la même famille.

....

4. Je réécris ces mots en mettant une barre entre chaque syllabe :
incompréhensible • particulièrement.

....

4. Je relis efficacement

- Pour relire efficacement, je fais plusieurs lectures portant chacune sur un point précis : l'accord des verbes, l'accord des adjectifs et des participes passés, les accents...

Je vérifie si j'ai compris

5. Je corrige ce texte en appliquant la méthode conseillée aux pages 68 et 69.

Aladdin et un groupe de vagabon comme lui jouait, au milieu d'une place, lorsqu'un étranger qui passait par la s'arrêta pour l'observé. Cette étranger était un magicien africain qui était arrivé de son pays depuis deux jours. Il posa quelque questions habile à Aladdin. Quand il sut que celui-ci avait perdu sont père depuis plusieurs année, il lui sauta au coup et lui dit en pleurant : « Cher enfant ! Je suis votre oncle et votre père étaient mon frère. »

D'après « L'histoire d'Aladdin », *in Les Mille et Une Nuits*.

....
....
....
....
....
....

En résumé

Relire, c'est **se poser des questions** et y **répondre** :
Quel est le sujet ? À quel nom se rapporte l'adjectif ?
Par quel autre mot puis-je remplacer tel mot ? Etc.

Vérifiez que vous avez bien compris en complétant la fiche imprimable.
bordas.media/733820_069

39 La ponctuation, les majuscules et les minuscules

d'autres exercices numériques
bordas.media/733820_070

Mon objectif : **savoir ponctuer les textes et utiliser les majuscules**

J'observe et je réfléchis

1 qui était polyphème c'était un cyclope à l'œil unique immense et menaçant.
Que manque-t-il à cette phrase pour qu'elle soit claire et correcte ?

....

J'apprends et je m'exerce

Signes de ponctuation suivis d'une majuscule

- **.** Le **point** se trouve à la fin d'une phrase déclarative. Il sépare deux phrases.
  Aujourd'hui c'est Mardi gras. Nous allons nous déguiser.
- **?** Le **point d'interrogation** se trouve à la fin d'une phrase interrogative.
  En quoi es-tu déguisé ?
- **!** Le **point d'exclamation** se trouve à la fin d'une phrase exclamative.
  Quel beau chapeau !
- **...** Les **points de suspension** marquent une interruption dans les paroles ou la pensée.
  Je ferais bien des crêpes...

2 * **Mettez le signe de ponctuation qui convient à la fin de chaque phrase.**

1. Quel chemin prendre ....
2. Mère-grand, que vous avez de grandes dents ....
3. Le contrôle est reporté à lundi ....
4. Je me demande si ....

Signes de ponctuation suivis d'une minuscule

- **,** La **virgule** marque une courte pause entre deux mots, deux groupes de mots, ou deux propositions : *Tout le monde danse, tout le monde rit.*
- **;** Le **point-virgule** marque une pause plus forte que la virgule :
  La fête bat son plein ; mais la nuit commence à tomber.
- **:** Les **deux-points** annoncent une énumération, une explication ou des paroles.
  Maintenant tout est silencieux : la fête est finie. (explication)

3 ** **Mettez le signe de ponctuation qui convient : virgule, point-virgule, deux-points.**

1. Un panda .... un lionceau et un orang-outang sont nés au zoo.
2. Voici le message reçu .... « La victoire est proche .... nous allons réussir. »
3. Je connais la raison de sa mauvaise humeur .... tes moqueries continuelles.

- **( )** Les **parenthèses** isolent un élément moins important ou ajoutent une précision.
  Manon est partie avant la fin. (Elle était fatiguée.)
- **« »** Les **guillemets** ouvrent et ferment un dialogue ou une citation. (→ p. 119)
- **–** Le **tiret** signale le changement d'interlocuteur dans un dialogue. (→ p. 119)

4 * **Utilisez des parenthèses, des guillemets et un tiret.**

1. .... Regarde, on dirait un sanglier.
   .... Mais non, c'est un rocher ! ....
2. Mon chien tire la langue .... il faut dire que je l'ai fait beaucoup courir........... .

- Une **phrase commence** toujours par une **majuscule**. La majuscule suit une **ponctuation forte** : point, point d'interrogation, point d'exclamation, points de suspension.
- Les autres signes de ponctuation sont suivis d'une **minuscule**.

5 * **a. Soulignez les lettres qui devraient être écrites en majuscule.**

Portrait d'un chat. il était très avenant, le minois de moumoute : deux yeux tout flambants, le bout d'un petit nez rose ; puis plus rien, tout le reste perdu dans les touffes d'une fourrure d'angora, soyeuse, propre, chaude, exquise à frôler et à embrasser. sur les oreilles, un bonnet bien noir...

Pierre LOTI, *Le Roman d'un enfant*, 1890.

** **b. Quels signes de ponctuation du texte sont suivis d'une minuscule ?**

....

- Les **noms propres** portent toujours une **majuscule** : *La Seine coule à Rouen.*

Un **N**ormand (nom propre), un fromage **n**ormand (adjectif).

6 * **Soulignez les noms propres, puis réécrivez-les en rétablissant la majuscule.**

mon amie marie • une charlotte aux fraises • un marseillais • un restaurant lyonnais

....

J'utilise ce que j'ai appris...

POUR LIRE **7** brusquement .... alice aperçut un lapin blanc avec des yeux roses .... elle ne s'étonna pas vraiment lorsqu'elle l'entendit s'inquiéter à voix basse .... mon dieu ! je vais être en retard ....cependant.......lorsqu'elle le vit sortir une montre de son gilet .... regarder l'heure et se mettre à courir .... alice fut surprise ....

D'après Lewis CARROLL, *Alice au pays des merveilles*, 1865.

a. Complétez ce texte avec la ponctuation manquante.

b. Entourez les lettres qui devraient être écrites en majuscule.

POUR DIRE **8** [en groupe] **Chacun écrit un texte très court contenant des signes de ponctuation variés. Un élève lit son texte, sans pause ni intonation. Un autre va au tableau et copie le texte avec la ponctuation et les majuscules, puis il le lit correctement.**

POUR ÉCRIRE **9** **a. Vous faites passer un message écrit que vous voulez rendre mystérieux. Pour cela, vous n'utilisez ni ponctuation ni majuscules.**

b. Vous réécrivez le texte en rétablissant ponctuation et majuscules.

Vous varierez les signes de ponctuation : point d'interrogation, d'exclamation, parenthèses, etc. Au brouillon, vous pouvez commencer par le 1er texte.

Autoévaluation	Oui	Non
J'ai écrit deux textes dont les mots sont identiques.		
Il n'existe aucun signe de ponctuation et pas de majuscules dans le 1er texte.		
J'ai ponctué le 2e texte et mis des majuscules en me reportant à la leçon.		
J'ai varié les signes de ponctuation.		

J'ai obtenu : ■ **1 oui** = Je remanie profondément le devoir. ■ **2 oui** = Je fais toutes les corrections.
■ **3 oui** = C'est bien, mais je corrige ce qui est nécessaire. ■ **4 oui** = Bravo ! Mais je relis et améliore mon devoir.

40 Le féminin des noms et des adjectifs

+ d'autres exercices numériques
bordas.media/733820_072

Mon objectif : orthographier les noms et les adjectifs selon leur genre

J'observe et je réfléchis

1 **Comparez les noms et les adjectifs en gras de la phrase 1 avec ceux de la phrase 2. Entourez les terminaisons qui changent en passant du masculin au féminin.**

1. Les contes ont souvent pour **héros** un **prince charmant** et **audacieux**, mais aussi un **sorcier discret**, un **vieux magicien** ou un **ogre malin**.

2. Les contes ont souvent pour **héroïne** une **princesse charmante** et **audacieuse**, mais aussi une **sorcière discrète**, une **vieille magicienne** ou une **ogresse maligne**.

J'apprends et je m'exerce

Un **accent** est parfois ajouté à la dernière syllabe du féminin : ***fermier, fermière***.

- Le féminin des noms se forme généralement en **ajoutant** un *-e* au masculin : *un voisin, une voisine*.
- Cependant, le féminin se forme parfois avec :
  – un **doublement** de la **consonne** finale : *un lion, une lionne* ;
  – une **modification** de la **consonne** finale : *un coiffeur, une coiffeuse* ;
  – une **modification** de toute la **terminaison** : *un inspecteur, une inspectrice*.

2 * **Ces noms de métier ou de fonction sont au masculin. Trouvez leur féminin.**

acteur : .... • musicien : .... • marchand : ....
boulanger : .... • employé : .... • concierge : ....
maître : .... • vendeur : .... • paysan : ....
gardien : .... • lecteur : .... • baron : ....

3 ** **Indiquez le féminin de ces noms d'animaux.**

loup : .... • chat : .... • ours : .... • lapin : ....
tigre : .... • chien : .... • âne : .... • chameau : ....

- Certains noms masculins ont un **féminin** complètement **différent** : *un frère, une sœur.*

4 **Indiquez le féminin de ces noms.**

* **a.** un oncle, une .... • un coq, une ....
** **b.** un cerf, une .... • un empereur, une ....
un singe, une .... • un dieu, une ....

En cas de doute, aidez-vous d'un **dictionnaire**.

- Certains noms **masculins** s'écrivent avec un *-e* : *un lycée, un répertoire*.
  Certains noms **féminins** ne prennent pas de *-e* : *une fourmi, une tribu*.

5 ** **Classez ces noms dans la catégorie correspondant à leur genre.**

agrume • épice • paroi • pétale • vertu • éclair • sphère • hémisphère

mots masculins	mots féminins
....	....

- Le féminin des adjectifs se forme, comme celui des noms, en **ajoutant** un **-*e*** au masculin : *content, contente*.
- Cependant, le féminin se forme parfois avec :
  – un **doublement** de la **consonne** finale : *naturel, naturelle* ;
  – une **modification** de la **consonne** finale : *peureux, peureuse* ;
  – une **modification** de toute la **terminaison** : *beau, belle*.

6 * **Indiquez le féminin de ces adjectifs.**

entier : .... • gras : .... • rêveur : .... • roux : ....
final : .... • réel : .... • mou : .... • fier : ....
moyen : .... • franc : .... • vif : .... • vilain : ....

7 ** **Complétez chaque GN avec l'adjectif entre parenthèses.**

une saison *(sec)* .... • une eau *(frais)* ....
une pensée *(amical)* .... • une remarque *(sot)* ....
une *(vieux)* .... légende • une action *(décisif)* ....

8 ** **Parmi ces adjectifs féminins, soulignez ceux qui ont la même forme au masculin.**

publique • unique • tranquille • annuelle • rebelle • pareille • facile • utile • subtile

J'utilise ce que j'ai appris…

POUR LIRE **9** Lorsque cette belle fille arriva au logis, sa mère la gronda de revenir si tard de la fontaine.
– Je vous demande pardon, ma mère, dit cette pauvre fille, d'avoir tardé si longtemps.
Et en disant ces mots, il lui sortit de la bouche deux roses, deux perles et deux **gros** diamants.
– Que vois-je là ? dit sa mère tout **étonnée**. Je crois qu'il lui sort de la bouche des perles et des diamants. D'où cela vient-il, ma fille ?

Charles PERRAULT, *Les Fées*, 1697.

a. Réécrivez la première et la dernière phrase en mettant les mots en rouge au masculin. Soulignez les huit modifications que vous avez opérées. 8 points

....
....
....

b. Mettez les deux adjectifs en gras au masculin et au féminin singulier. 2 points

....

Ma note : .... / 10

POUR DIRE **10** [en groupe] **Chacun(e) prépare un GN composé d'un nom masculin de métier ou d'animal (pouvant se mettre au féminin) et accompagné d'un adjectif. Dites ce GN à un(e) camarade qui l'écrit au tableau, en le mettant au féminin.**

POUR ÉCRIRE **11** **Racontez une visite dans un zoo. Citez de nombreux noms d'animaux au masculin et au féminin, accompagnés d'adjectifs.**

41 Le pluriel des noms et des adjectifs

d'autres exercices numériques
bordas.media/733820_074

Mon objectif : **orthographier les noms et les adjectifs au pluriel**

J'observe et je réfléchis

1 Sur le modèle du singulier, entourez vous aussi les terminaisons du pluriel des noms et adjectifs ci-dessous. Observez les différences et les ressemblances.

singulier : un rat blanc • un beau cheval • un gros hibou • un nez rouge

pluriel : des rats blancs • de beaux chevaux • de gros hiboux • des nez rouges

J'apprends et je m'exerce

- Le **pluriel** des **noms** communs se forme généralement en ajoutant un *-s* au nom au singulier : *un livre, des livres / une rue, des rues / un enfant, des enfants*.
- Les noms qui sont terminés par *-s*, *-x*, *-z* au singulier **ne changent pas** au pluriel : *un tapis, des tapis / une croix, des croix / un gaz, des gaz*.

2 * Mettez ces GN au pluriel.

1. un ours gris : .... • un gaz incolore : ....
2. un choix difficile : .... • un index des noms : ....

3 ** Mettez les noms soulignés au singulier.

1. des vers de terre : .... • des vers de dix syllabes : ....
2. des cours d'histoire : .... • des cours de récréation : ....
3. des champs de blé : .... • des temps de repos : ....

4 ** Parmi ces pluriels, soulignez les noms qui ont la même orthographe au singulier.

souris • fourmis • tissus • balais • poids • parcours • détours

Les autres noms en *-ou* prennent un *-s* : *un écrou, des écrous.*

- Certains noms en *-ou* ont le pluriel en *-oux* : *bijou, caillou, chou, genou, hibou, joujou, pou* → *un chou, des choux • un genou, des genoux.*
- Les noms en *-au*, *-eau*, *-eu* ont le pluriel en *-x* *(des noyaux, des bureaux, des jeux)*, sauf : *landau, bleu, pneu* → *des landaus, des bleus, des pneus.*

5 * Mettez les noms soulignés au pluriel.

1. le hibou de la forêt : .... • un clou solide : ....
2. un gros caillou : .... • fermer avec un verrou : ....
3. un magnifique joyau : .... • il s'est fait un bleu : ....
4. le pneu de mon vélo : .... • un feu de cheminée : ....

6 ** Soulignez l'intrus dans chaque série de noms.

1. choux • bijoux • toux • poux • genoux.
2. pieux • morceaux • index • neveux.
3. rideau • landau • étau • râteau • veau.
4. sou • écrou • bisou • joujou.
5. râteaux • animaux • journaux • chevaux.

- Les noms en *-al* ont le pluriel en *-aux* *(un cheval, des chevaux)*, sauf : *bal, carnaval, cérémonial, chacal, festival, récital, régal* qui ont le pluriel en *-s* *(des bals)*.
- Certains noms en *-ail* ont le pluriel en *-aux* : *bail, corail, émail, soupirail, travail, vantail, vitrail (des travaux)*. Les autres noms en *-ail* ont le pluriel en *-ails* : *des éventails*.

7 * **Mettez ces noms au pluriel.**

un animal : des .... • un régal : des .... • un corail : des ....
un portail : des .... • un journal : des .... • un vitrail : des ....

- Certains noms ont un pluriel **irrégulier** : *un œil, des yeux • un aïeul, des aïeux • un ciel, des cieux* (ou *des ciels*) *• un bonhomme, des bonshommes • un monsieur, des messieurs*.

8 **Réécrivez ce qui suit en mettant les noms au pluriel. Faites les changements voulus.**

* **a.** Un petit bonhomme à l'œil vif. ....

** **b.** Le monsieur représenté sur ce tableau est mon aïeul.

....

- Le pluriel des adjectifs se forme, comme celui des noms, en ajoutant un *-s* à l'adjectif au singulier : *un arbre haut et touffu → des arbres hauts et touffus*.
- Les adjectifs terminés par *-s* ou *-x* au masculin singulier ne changent pas au pluriel : *un gros chien roux → de gros chiens roux*.

9 * **Mettez ces GN au pluriel.**

un bijou ancien : .... • un jeu curieux : ....
un tapis épais : .... • un climat doux : ....

***final** : finals ou finaux*
***glacial** : glacials ou glaciaux*

- Les adjectifs en *-eau* ont le pluriel en *-eaux* : *beau, beaux*.
- Les adjectifs en *-al* ont le pluriel en *-aux* *(amical, amicaux)*, sauf : *banal, bancal, fatal, natal, naval* qui font *-als* : *des chantiers navals*.

10 ** **Mettez ces GN au pluriel.**

un château royal : .... • un beau portail : ....
un travail banal : .... • un siège bancal : ....

J'utilise ce que j'ai appris...

11 **Complétez ce texte avec ces noms et adjectifs que vous écrirez au pluriel : *oiseau, glacial, bleu, naval, œil, régal, pays, genou, natal, beau.***

1. Il a les .... écorchés, les bras pleins de .... et les .... pochés.
2. Ces .... spectacles .... sont des .... pour tous.
3. Des .... reviennent dans leurs .... pour fuir les froids ....

1 point par mot juste ■ Ma note : .... / 10

POUR DIRE **12** [en groupe] **Un(e) élève propose un GN singulier, composé d'un nom et d'un adjectif vus dans cette fiche. Un(e) autre élève écrit ce GN au tableau, en le mettant au pluriel.**

POUR ÉCRIRE **13** **À l'aide de noms et adjectifs contenus dans les encadrés de la leçon, composez dix GN fantaisistes au pluriel. Puis employez trois d'entre eux dans une phrase.**

Avec les dix GN, composez un petit **poème** original.

42 Les accords dans le groupe nominal

d'autres exercices numériques
bordas.media/733820_076

Mon objectif : savoir accorder les déterminants et les adjectifs avec les noms

J'observe et je réfléchis

1 **a. Associez chaque nom en gras à son déterminant et à son adjectif épithète.**

une	**lutins**	gourmand
cet	**maisonnette**	moqueurs
des	**oiseau**	mystérieuse

b. Écrivez les trois groupes nominaux obtenus.

....

J'apprends et je m'exerce

- Dans un **groupe nominal**, le **déterminant** et l'(les) **adjectif(s) s'accordent** avec le nom :
  un film long mais intéressant → des films longs mais intéressants.

2 * **Composez des GN en associant un déterminant, un nom et un adjectif.**

cette · des · l' · mes · enfant · potions · forêt · contes
mystérieuse · malin · préférés · magiques

.... • ....
.... • ....

- Un **déterminant s'accorde** en genre et en nombre avec le **nom** qui le suit :
  le raisin • la pomme • les fruits.
- L'article indéfini ***des*** se change souvent en ***de (d')*** devant un **adjectif** :
  une tour → des tours *une haute tour → de hautes tours.*

3 * **Mettez ces GN au pluriel. Soulignez les déterminants.**

une histoire : .... • une belle histoire : ....
l'animal : .... • un étrange animal : ....

4 ** **Entourez les déterminants. Soulignez les noms avec lesquels ils s'accordent.**

Il faut bien obéir à notre maître ; et puis nous avons intérêt à la santé de sa fille, notre maîtresse ; et sans doute son mariage, différé par sa maladie, nous vaudra une récompense.

MOLIÈRE, *Le Médecin malgré lui*, 1666.

- On met ***ma***, ***ta***, ***sa*** devant un nom **féminin**, mais si ce nom commence par une **voyelle**, ou parfois un ***h***, on emploie ***mon***, ***ton***, ***son*** pour faire la liaison : *ma sœur, mon amie.*
- On emploie ***ce*** devant un nom **masculin**, mais si ce nom commence par une **voyelle**, ou parfois un ***h***, on emploie ***cet*** pour faire la liaison : *ce sapin, cet arbre, cet homme.*

5 * **Formez des GN en faisant précéder ces noms de : a. *son*, *sa* ou *ses* ; b. *ce*, *cet*, *cette* ou *ces*. Soulignez les GN masculins. Surlignez les GN féminins.**

a. .... amis, ... amie, ... habitude, ... réussite, ... hutte, ... enfance
b. .... arbuste, ... erreur, ... ruisseau, ... chemins, ... âne, ... hibou

Pour trouver le nom auquel se rapporte l'adjectif, on pose la **question** : *Qui est-ce qui est ?* ou *Qu'est-ce qui est ?* suivie de l'adjectif.

- L'**adjectif**, ou le participe passé employé comme adjectif, **s'accorde**, en genre et en nombre, avec le **nom** auquel il se rapporte : *de bonnes idées*.

6 * **Relevez les adjectifs. Précisez avec quel mot ils s'accordent.**

1. De charmants petits Martiens verts sautèrent souplement de leur soucoupe neuve.

....

2. On apercevait à travers les branches touffues des arbres des nuages sombres et menaçants.

....

7 ** **Accordez l'adjectif avec le nom auquel il se rapporte par le sens.**

- un panier de pêches mûre..........
- de la limonade et un chocolat chaud........
- des places de théâtre gratuit........
- un panier de pêches plein........ à ras bord
- des vases de fleurs parfumé..........

- Quand un adjectif se rapporte à **plusieurs noms**, il s'accorde au **pluriel** avec l'ensemble des noms. Si les noms ont le **même genre**, il prend le genre de ces noms : *Une rose et une pivoine épanouies*.
- Si les noms sont de genres différents, il se met au masculin : *Une rose et un œillet épanouis*.

8 * **Accordez les adjectifs. Soulignez les deux noms auxquels ils se rapportent.**

1. Ils ont acheté, chez un antiquaire, une chaise et une commode ancien............
2. Satisfait............, le client et le commerçant se sont serré la main.
3. Prends un bonnet et une écharpe bien chaud............

J'utilise ce que j'ai appris...

POUR LIRE **9** .... femmes étaient terrorisées à .... idée d'épouser .... sultan. En effet, ... homme .... tuait chaque matin celle qu'il avait épousée .... veille. Shéhérazade était une .... fille ...., d'............ beauté .... et d'.......... .... courage. Elle décida d'arrêter .... massacre grâce à .... stratagème.

D'après *Les Mille et Une Nuits*.

a. **Complétez ce texte avec ces déterminants et ces adjectifs :** ***le, cet, les, la, ce, un, un, l', une • grand, intelligente, remarquable, cruel, astucieux, jeune.***

b. **Soulignez les noms avec lesquels ils s'accordent.**

1 point par mot complété + ½ point par mot souligné ■ Ma note : .... / 20

POUR DIRE **10** [en groupe] **Écrivez au tableau une liste de noms communs masculins et féminins. Chaque élève propose un GN avec un de ces noms, un déterminant, un adjectif. Puis il va l'écrire au tableau, au singulier et au pluriel.**

POUR ÉCRIRE **11** **Vous copiez, sous la dictée d'un magicien, la recette du breuvage qui rend invisible. Chaque GN devra contenir au moins un adjectif.**
Vous varierez le genre et le nombre des ingrédients fantaisistes composant le breuvage.

43 L'accord du verbe avec le sujet

d'autres exercices numériques
bordas.media/733820_078

Mon objectif : **maîtriser l'accord du verbe avec son sujet**

J'observe et je réfléchis

1 Un mythe **met** en scène des personnages imaginaires. Ceux-ci **accomplissent** des actions extraordinaires. À l'origine, on **transmettait** oralement les mythes. Nous les **apprécions** car ils nous **expliquent**, sous une forme symbolique, la condition humaine.

Complétez ce tableau :

verbe	personne	nombre	mot avec lequel se fait l'accord
met	3e personne	singulier	*mythe*
accomplissent	....	....	....
transmettait	....	....	....
apprécions	....	....	....
expliquent	....	....	....

J'apprends et je m'exerce

Pour trouver le sujet, on pose la **question** : *Qui est-ce qui ?* ou *Qu'est-ce qui ?* suivie du verbe.

- Le **verbe** s'accorde **toujours** avec son **sujet**.
- Le verbe s'accorde en **personne** *(je marche, tu marches)* et en **nombre** *(un enfant joue ; les enfants jouent)* avec le sujet.

2 * **a. Écrivez la terminaison des verbes au présent. b. Soulignez les sujets.**

1. Le renard, en entendant les chasseurs, rentr....... dans son terrier et rest....... aux aguets.
2. Je téléphon........... à tous mes amis et je les invit........... à mon anniversaire.
3. Nous vous offr........... ces brins de muguet : ils pouss........... dans notre jardin.
4. Tu me montr........... tes photos de vacances et je te montr........... les miennes.
5. Les élèves, ce matin, étudi........... une poésie, puis la copi........... dans leur cahier.

3 * **Mettez les verbes entre parenthèses au présent. Accordez-les correctement.**

Le mythe d'Arachné (À suivre)

Nous vous *(raconter)* .... l'histoire d'Arachné : c'est une jeune fille qui *(exceller)* .... dans l'art du tissage. Elle *(oser)* .... même, un jour, défier Athéna. Celle-ci, qui *(être)* .... la protectrice des arts et des fileuses, lui *(conseiller)* .... d'être plus modeste...

4 ** **Réécrivez ces phrases en fonction du sujet proposé. Faites les modifications nécessaires.**

1. Il veut aller avec vous et promet de se tenir tranquille.

a. Ils ....

b. Je ....

2. Tu prends une bougie, tu vas à la cave et tu rapportes la boîte bleue.

c. Nous ....

d. Vous ....

- Le sujet peut se trouver **après** le verbe. On dit alors qu'il est **inversé** (→ p. 27).
  *À l'horizon **se forment** déjà de gros nuages noirs.*
- L'inversion du sujet se rencontre souvent dans les phrases interrogatives. *Où **sont** mes clés ?*

5 ** **Écrivez la terminaison des verbes au présent et soulignez les sujets.**

1. Sur quelle étagère se trouv............... les biscuits ?
2. Dès que se baiss............ le rideau, aussitôt éclat............... des applaudissements.
3. Sur la falaise escarpée que balay............ les vents nich............ de nombreux oiseaux.

6 ** **Écrivez les verbes au présent.**

1. Qui *(avoir)* ....-tu rencontré ?
2. Que nous *(chanter)* ....-vous ?
3. Dans quelle rue *(habiter)* .... tes grands-parents ?
4. À quelle heure *(arriver)* .... tes amis ?

- Le sujet peut être **éloigné** du verbe.
  *Un oiseau, sur la plus haute branche du plus grand arbre du jardin, **chantait** joyeusement.*

7 ** **Écrivez la terminaison des verbes au présent et soulignez le nom noyau du GN sujet avec lequel se fait l'accord.**

1. Les rames de la petite embarcation qui les mèn............ vers la rive encore lointaine s'enfonc............ dans l'eau, en cadence.
2. Les livres rangés sur la dernière étagère de l'armoire de ma chambre racont............ des histoires fantastiques.
3. Une lumière aveuglante, tantôt verte tantôt bleue, apparaissant à intervalles réguliers, éclair............ la scène.

- Le verbe ne s'accorde **jamais** avec les pronoms personnels *le, la, les*, placés avant lui.
  *Elle les **appelle**.*

8 * **a. Complétez ces phrases avec les pronoms sujets qui conviennent. Il peut y avoir plusieurs possibilités.**

1. Comment la trouves-................................ ?
2. .... les apprécie beaucoup.
3. .... ne nous dérangez pas du tout.
4. .... te conseillent de rentrer.
5. .... la connaissons depuis longtemps.

b. Quelle est la fonction des pronoms soulignés ? ....

9 ** **Écrivez la terminaison des verbes au présent et soulignez le sujet.**

1. Il façonn............ des statuettes en terre, puis les décor............ de couleurs vives.
2. Nous cherch............ l'adresse de Tom et ne la trouv............ pas.
3. Le chocolat, l'aim............ -tu noir ou au lait ?
4. J'utilis............ tes ciseaux et je te les redonn............ tout de suite.

- Quand un verbe a **plusieurs** sujets, il s'accorde au **pluriel** avec l'ensemble des sujets.
  Le cheval et l'âne sont des équidés.

10 Écrivez les verbes au présent de l'indicatif.

* **a. 1.** Rémi et son camarade *(construire)* .... des maquettes d'avions.
Adrien, son cousin, *(préférer)* .... fabriquer des maquettes de bateaux.
2. Où *(être)* .... l'album et le cahier que je *(ranger)* .... toujours ici ?

** **b. 3.** La botanique et le jardinage la *(passionner)* ....
4. De la terre *(jaillir)* .... de la fumée et un terrible grondement.

L'autre GN est un **CDN** (→ p. 24).

- Quand le sujet est un **groupe nominal** composé d'un nom noyau et d'un autre GN qui complète ce nom, l'accord se fait normalement avec le **nom noyau**.
  Les pages du livre de contes présentent de nombreux dessins.

11 * **a. Écrivez la terminaison des verbes au présent.**
b. Soulignez le nom noyau du GN sujet avec lequel se fait l'accord.

1. Les eaux du lac de montagne reflèt............ le ciel.
2. Une pile de livres et de papiers de toutes sortes encombr............ son bureau.
3. La réunion des délégués de toutes les classes se déroul............ en ce moment.
4. Les branches des sapins de la forêt support............ une épaisse couche de neige.

- Sujets : plusieurs **pronoms personnels** dont ***moi*** ou ***nous*** :
  → verbe à la 1re personne du **pluriel** : *Elle, toi et moi voyagerons ensemble.* (= *nous*)
- Sujets : plusieurs **pronoms personnels** dont ***toi*** ou ***vous*** (mais ni *moi* ni *nous*) :
  → verbe à la 2e personne du **pluriel** : *Elle et toi voyagerez ensemble.* (= *vous*)

12 ** **Mettez les verbes entre parenthèses au temps indiqué.**

1. Toi et moi (*être*, présent) .... les seuls à connaître leur secret.
2. Sa sœur et toi (*faire*, futur) .... équipe, dans le tournoi.
3. Elle et lui (*préparer*, imparfait) .... tout pour l'arrivée des invités.
4. Eux et nous (*aller*, futur) .... en vacances en Vendée.
5. Vous et elle (*regarder*, présent) .... toujours les mêmes films.

L'**antécédent** est un GN, un nom ou un pronom qui précède le pronom relatif.

- Quand le sujet est le pronom relatif ***qui***, le verbe s'accorde avec l'**antécédent**.
  C'est toi qui as obtenu le meilleur résultat.

13 ** **Conjuguez *C'est (moi) qui (être) le(s) responsable(s)* à toutes les personnes du présent.**

C'est moi qui .... le responsable.
C'est toi ....
C'est ....
C'est ....
C'est ....
C'est (Ce sont) ....

- Quand le sujet est *la plupart, beaucoup, assez, peu, combien*, le verbe se met toujours au **pluriel**, car le sujet exprime une quantité : *La plupart savent nager.*
- Quand le sujet est *on, chacun* ou *chaque* + nom, le verbe se met toujours au **singulier**.
  Chaque élève apprendra un poème.

Pour savoir si le verbe est au singulier ou au pluriel, on le **remplace** par ***être*** ou ***avoir*** : *chacun ~~sont~~* → *chacun est*.

14 ** **a. Écrivez la terminaison des verbes au présent.**
b. Soulignez les mots avec lesquels se font les accords.

1. Chaque personne particip............. au jeu collectif.
2. Parmi vous, la plupart regard............. la télévision, beaucoup aim............. les séries, trop peu s'intéress............. aux émissions culturelles. Combien ne la regard............. pas du tout ?
3. On les invit............. à entrer dans une salle où chacun d'eux dispos............. d'un ordinateur.

15 ** **Écrivez la terminaison des verbes au présent.**

Le capitaine, le châtelain et le docteur quitt............. le pont. Peu de temps après, un matelot vien............. dire qu'on demand............. Jim Hawkins dans la cabine.
Je les trouv............. tous les trois attablés. Le docteur tir............. furieusement sur sa pipe, ce qui trahi............., je le sai............., une vive agitation.
– Hawkins, di............. le châtelain, vous av............., je croi............., quelque chose à nous apprendre.
Je m'exécut........... aussitôt, et racont.........., aussi brièvement que je le peu..........., tous les détails de la conversation entre Silver et ses complices. Aucun des trois hommes ne m'interromp............. ni n'esquiss............. le moindre geste pendant que je parl.............

D'après Robert Louis STEVENSON, *L'Île au trésor*, 1883.

J'utilise ce que j'ai appris…

POUR LIRE **16** *Le mythe d'Arachné (Suite du texte de l'exercice 3)*

La jeune fille ne *(tenir)* .... pas compte des avertissements d'Athéna. Un concours *(être)* .... alors organisé, dans lequel *(rivaliser)* .... la déesse et la mortelle. Tandis qu'Athéna *(tisser)* .... une toile où *(figurer)* .... les douze dieux en majesté, ce sont les défauts de ces mêmes dieux que *(représenter)* .... Arachné sur son ouvrage. Mais ce travail est si parfait qu'Athéna, folle de rage, *(détruire)* .... la toile de sa rivale. Désespérée, la jeune fille *(aller)* .... se pendre. Alors, Athéna, prise de remords, *(métamorphoser)* .... Arachné en une araignée qui *(tisser)* .... sa toile pour l'éternité.

a. Mettez les verbes entre parenthèses au présent.
b. Soulignez les sujets avec lesquels se font les accords.

0,5 point par mot juste ■ Ma note : .... / 10

POUR DIRE **17** **Après avoir fait l'exercice 15, justifiez oralement l'accord de chaque verbe.**

POUR ÉCRIRE **18** **Vous organisez une fête et vous donnez cinq consignes commençant par :**
toi et moi • toi et lui • elle et nous • vous, lui et moi • eux et vous.
Vous utiliserez le présent ou le futur et veillerez à accorder les verbes.

44 L'accord du participe passé

d'autres exercices numériques
bordas.media/733820_082

Mon objectif : **maîtriser l'accord du participe passé, dans les cas simples**

J'observe et je réfléchis

1 Cendrillon avait **perdu** sa mère quand elle était petite et elle était **devenue** le souffre-douleur de sa belle-mère et de ses deux filles.

a. **Donnez l'infinitif des participes passés en rouge :** ....

b. **Cochez les bonnes réponses.**

	auxiliaire *être*	auxiliaire *avoir*	s'accorde avec le sujet	ne s'accorde pas avec le sujet
perdu	....	....	....	....
devenue	....	....	....	....

J'apprends et je m'exerce

- Au **masculin singulier**, les participes passés se terminent par : *-é (parler, parlé)*, *-i (partir, parti)*, *-u (voir, vu)*, *-s (mettre, mis)* ou *-t (dire, dit)*.
- Pour connaître la **terminaison** d'un participe passé au **masculin** singulier, on le met au **féminin** : *(elle est) prise → pris • (elle est) conduite → conduit*.

2 * **Écrivez les participes passés masculin et féminin singuliers de ces verbes.**

chercher : ....
avertir : ....
produire : ....
● apercevoir : ....
● promettre : ....
● faire : ....

- Quand le **participe passé** est employé avec l'**auxiliaire *être***, il **s'accorde** en genre et en nombre avec le **sujet**. *Les beaux jours sont revenus. Elle a été félicitée.*

3 * a. **Complétez, s'il le faut, les participes passés.**
b. **Soulignez le mot avec lequel ils s'accordent.**

1. La fête est fini.......... . Tout a été rangé.......... . Tous sont reparti.......... .
2. Comme il pleuvait, elle est resté.......... au coin du feu.
3. Ma sœur est persuadé.......... que des fantômes sont caché.......... dans les placards.
4. Les résultats des dernières épreuves seront dévoilé.......... dans la soirée.

- Quand le **participe passé** est employé avec l'**auxiliaire *avoir***, il ne **s'accorde** pas avec le **sujet** : *Les élèves ont organisé une exposition.*

4 * a. **Mettez ces phrases au passé composé.**
b. **Soulignez l'auxiliaire avec lequel est employé chaque participe passé.**
c. **Accordez, s'il le faut, les participes passés.**

1. Lily et Zoé, vous venez et vous écoutez.
....
2. Ils finissent leurs devoirs et vont jouer. ....
3. Le vent et la pluie balaient tout. ....
4. Elles recopient la leçon. ....

- Quand le participe passé est employé **sans auxiliaire**, il **s'accorde** comme un adjectif qualificatif, avec le nom auquel il se rapporte : *Des livres lus*.

5 **Soulignez les participes passés employés sans auxiliaire. Entourez le mot avec lequel ils s'accordent.**

1. Ils ont mis au point leur projet, au cours d'une discussion animée.
2. Les vestiges découverts sont ceux d'une sépulture gauloise.
3. Ravis, les enfants ont voulu faire un autre tour de manège.
4. Nous avons lu avec intérêt la documentation fournie.
5. La bouteille rejetée par la mer contenait un message écrit vingt ans auparavant.

J'utilise ce que j'ai appris...

POUR LIRE **6** Un jour, le roi, qui avait décidé......... de marier son fils, organisa un grand bal auquel furent invité......... toutes les jeunes filles du pays. La pauvre Cendrillon était obligé......... de rester à la maison. Heureusement, sa marraine, une fée, la toucha de sa baguette, et ses haillons furent changé......... en habits d'or et d'argent. Une citrouille fut transformé......... en carrosse. Au bal, le prince, avec qui elle avait dansé......... toute la nuit, en tomba amoureux. Mais Cendrillon devait être revenu......... à minuit. À onze heures trois quarts, elle partit aussi vite qu'elle le put et une chaussure fut perdu......... dans sa course. Peu de temps après, le prince fit savoir qu'il avait décidé......... d'épouser la jeune fille à qui la chaussure appartenait.

Complétez, s'il le faut, les participes passés.

POUR DIRE **7** **Après avoir fait l'exercice ci-dessus, justifiez oralement l'accord de chaque participe passé.**

POUR ÉCRIRE **8** **Imaginez et racontez au passé composé une aventure vécue par ces deux personnages. Soulignez les verbes au passé composé.**
Observez les dessins. Il s'agit de raconter une seule aventure et ses péripéties. Le récit est au passé composé et non au passé simple. Donc, attention à l'accord des participes !

Autoévaluation

	Oui	Non
J'ai rédigé un récit dont les deux personnages sont les héros.		
J'ai respecté les indications données par les dessins.		
J'ai utilisé le passé composé et j'ai souligné les verbes à ce temps.		
J'ai vérifié l'accord de chaque participe passé.		

J'ai obtenu : ■ **1 oui** = Je remanie profondément le devoir. ■ **2 oui** = Je fais toutes les corrections.
■ **3 oui** = C'est bien, mais je corrige ce qui est nécessaire. ■ **4 oui** = Bravo ! Mais je relis et améliore mon devoir.

45 Les homophones grammaticaux (1)

et/est, a/à, ou/où, ce/se, ces/ses, son/sont

d'autres exercices numériques
bordas.media/733820_084

Mon objectif : différencier des mots qui ont la même prononciation mais une orthographe différente

J'observe et je réfléchis

1 **a. Observez ces phrases :**

Où est ce monument qu'on nous a conseillé de visiter ?

Ou et se monument qu'on nous à conseillé de visiter ?

b. Quand on écoute ces phrases lues à voix haute, entend-on une différence ? Oui ☐ Non ☐

Laquelle est correcte ? La 1re ☐ La 2e ☐

J'apprends et je m'exerce

mots à ne pas confondre	astuces pour les distinguer
*Le train **et** l'avion.* **et** : conjonction de coordination *Le train **est** parti.* **est** : *être*, 3e pers. du sing. du présent	On essaie de les remplacer par ***était***. *Le train ~~**était**~~ l'avion.* → *et* *Le train **était** parti.* → *est*
*Il **a** un bateau.* **a** : ***avoir***, 3e pers. du sing. du présent *un bateau **à** moteur.* **à** : préposition	On essaie de les remplacer par ***avait***. *Il **avait** un bateau.* → *a* *un bateau ~~**avait**~~ moteur* → *à*
*Thé **ou** café ?* **ou** : conjonction de coordination ***Où** vas-tu ?* **où** : mot indiquant le lieu	On essaie de les remplacer par ***ou bien***. *Thé **ou bien** café ?* → *ou* *~~**Ou bien**~~ vas-tu ?* → *où*

2 * **Complétez ces phrases en choisissant entre *et* ou *est*.**

1. Ce blouson .... usé .... démodé, mais il .... confortable et c'........... mon préféré.
2. Il pleut .... il fait froid, l'hiver .... rigoureux .... interminable.
3. « Le chêne .... le roseau » .... une fable de La Fontaine.
4. La sorcière .... satisfaite car sa potion magique .... prête. Elle l'a faite avec de la bave de crapaud .... des larmes de crocodile. Elle .... sûre qu'elle .... efficace.

3 * **Complétez ces phrases en choisissant entre *a* et *à*.**

1. Marie .... sommeil, elle .... du mal .... ne pas bâiller.
2. Elle .... horreur de ne pas être .... l'heure.
3. Mon camarade .... du retard, il devait arriver .... peu près .... midi.

4 * **Complétez ces phrases en choisissant entre *ou* et *où*.**

1. Voulez-vous du fromage .... un dessert ?
2. .... as-tu acheté le fauteuil .... je suis assis ?
3. Si le temps est froid .... pluvieux, elle se réfugie dans un café .... elle boit un thé.
4. Plus tard, je serai pompier .... inventeur, ... alors j'écrirai des romans.

5 ** **Complétez ces phrases en choisissant entre *a*, *à*, *ou* et *où*.**

1. Il rêve .... reste .... ne rien faire, alors qu'il .... du travail.
2. Qu'il le veuille .... non, il n'........ pas répondu .... la question.
3. J'irai .... tu iras. C'est .... prendre ou .... laisser.
4. .... qu'elle aille, elle .... une impression de déjà-vu.

mots à ne pas confondre	astuces pour les distinguer
*Elle **se** prépare.* ***se*** : pronom personnel réfléchi, 3e pers. *Ce gros rocher.* ***ce*** : déterminant ou pronom démonstratif	***Se*** est placé devant un **verbe** qu'on peut conjuguer : *Je me prépare.* → *se (préparer)* ***Ce*** est placé devant un GN, ***qui***, ***que*** ou le verbe ***être*** : *Ce sera ce qui arrivera.* → ***ce***
*Elle invite **ses** amis.* ***ses*** : déterminant possessif *Regarde **ces** nuages.* ***ces*** : déterminant démonstratif	On peut remplacer ***ses*** + nom par ***les siens***. *ses amis / les siens* On peut remplacer ***ces*** par ***ces… -là***. *ces nuages / ces nuages-là*
*Il sort **son** chien.* ***son*** : déterminant possessif *Ils **sont** partis.* ***sont*** : *être*, 3e pers. du plur. du présent	On peut remplacer ***son*** + nom par ***le sien***. *son chien / le sien* On peut remplacer ***sont*** par ***étaient***. *Ils sont partis. Ils étaient partis.*

se fait partie d'un verbe pronominal qu'on peut mettre à l'infinitif : *il **se** lève* → ***se lever***.

6 * **Complétez ces phrases en choisissant entre *ce* et *se*.**

1. On ne .... doutait pas de .... qui allait .... passer.
2. .... sont les vacances, on va pouvoir .... reposer.
3. .... déguisement, ... sera le mien. Personne ne .... doutera que c'est moi.
4. Il .... décida à .... mettre au travail, ... qui surprit tout le monde.

7 ** **Complétez ces phrases en choisissant entre *ces* et *ses*.**

1. Regarde .... photos sur l'étagère, Julien les a prises pendant .... vacances.
2. Voyez-vous .... fleurs, sur .... buissons ? Élodie a voulu en cueillir pour .... parents, mais elle a déchiré .... vêtements et griffé .... mains.
3. Pendant .... belles journées de juin, elle invite .... amis et oublie .... soucis.
4. Avez-vous eu de .... nouvelles, ... derniers temps ?

8 * **Complétez ces phrases en choisissant entre *son* et *sont*.**

1. Ce .... des coassements de grenouilles que nous entendons. Elles .... dans la mare.
2. Il découvre .... cadeau. Ce .... ses amis qui le lui offrent pour .... anniversaire.
3. Où .... les enfants ? Ils .... avec Rémi qui leur montre .... avion téléguidé.
4. Elle prétend que .... chien et .... chat .... ses meilleurs amis.

J'utilise ce que j'ai appris…

9 **Complétez ces phrases avec *a*, *à*, *ou*, *où*, *et*, *est*, *se*, *ce*, *ses*, *ces*, *son*, *sont*.**

1. Le chat .... prélasse sur .... fauteuil favori .... lisse .... moustaches.
2. .... n'est pas avec .... outils que tu parviendras .... réparer la barrière.
3. .... et .... quelle heure .... lieu la représentation ?
4. Il m'a invitée .... anniversaire, mais il .... oublié de me dire .... il habite.
5. .... mes camarades ....-ils ? Au cinéma .... la piscine ?
6. Ce parc .... fréquenté par les enfants .... leurs parents.

0,5 point par mot juste ■ Ma note : ..../ 10

POUR DIRE **10** **Justifiez à tour de rôle le choix des homophones dans l'exercice précédent.**

POUR ÉCRIRE **11** **Utilisez *a*, *à*, *ou*, *où*, *ce*, *se*, *ces*, *ses*, *et*, *est*, *son*, *sont*, dans autant de phrases que vous le désirez. Chaque mot doit être employé au moins une fois.**

46 Les homophones grammaticaux (2)

leur/leurs, la/l'a/l'as/là, ont/on/on n'

d'autres exercices numériques
bordas.media/733820_086

Mon objectif : différencier des mots qui ont la même prononciation mais une orthographe différente

J'observe et je réfléchis

1 Dans chaque phrase, soulignez les mots qui ont une prononciation identique mais une orthographe différente.

1. Leurs vacances leur ont beaucoup plu.
2. La route se termine là, on l'a découvert trop tard.
3. On a attendu le coucher du soleil, mais on n'a rien vu, car les nuages l'ont caché.

J'apprends et je m'exerce

mots à ne pas confondre	astuces pour les distinguer
leur : **pronom personnel invariable.** *Tu **leur** parles.* *leur, leurs* : **déterminant possessif.** *Ils sont partis avec **leur** voiture et **leurs** affaires.*	On observe **le mot qui suit** : – si c'est un **verbe** → *leur* = pronom invariable – si c'est un **nom** ou un **adjectif** + nom → *leur(s)* = déterminant, s'accorde en nombre.

2 * Complétez ces GN avec les déterminants possessifs *leur* ou *leurs*.

.... enfants • .... éléphant • .... souris blanche • .... vieux meuble • .... champs • .... souvenirs de voyage • .... grand tapis

Les noms *secret* et *mère* resteront au **singulier**.

3 * Réécrivez ces phrases en mettant les sujets au pluriel.

1. Elle a invité ses amis. ....
2. La pyramide n'a pas révélé son secret. ....
3. Le lionceau joue avec sa mère. ....

4 ** Complétez ces phrases avec *leur* ou *leurs*.

1. .... parents .... ont demandé de donner de .... nouvelles, dès .... arrivée.
2. Je .... ai prêté mes rollers et ils m'ont prêté .... patins à glace.
3. Nos voisins avaient perdu .... chat, mais des enfants le .... ont ramené.
4. .... as-tu rendu .... jeux ?

la, **article**, est toujours suivi d'un nom ou d'un GN ; *la*, **pronom**, est toujours suivi d'un verbe.

mots à ne pas confondre	astuces pour les distinguer
la : **article défini ou pronom personnel.** *La rivière. Je la vois.* *l'a* : **l' + *avoir*, 3e pers. du sing. du présent.** *Il l'a vue.* *l'as* : **l' + *avoir*, 2e pers. du sing. du présent.** *Tu l'as vue.* *là* : adverbe de lieu. *Viens là.*	*la* peut toujours être remplacé par ***les***. *Les rivières. Je les vois.* *l'a* peut être remplacé par ***l'avait***. *Il l'avait vue.* *l'as* peut être remplacé par ***l'avais***. *Tu l'avais vue.* *là* peut être remplacé par ***ici***. *Viens ici.*

5 ** Complétez ces phrases avec *la, l'a, l'as* ou *là*.

1. La théière est ...., dans .... cuisine. Est-ce que tu .... trouvée ?
2. .... chambre de mon frère est un capharnaüm, il ne .... range jamais.
3. .... brioche que tu as mangée à .... maison, maman .... achetée ....

6 ** **Complétez ce texte avec *la*, *l'a*, *l'as* ou *là*.**

.... princesse était si jolie que .... sorcière en a été jalouse et .... transformée en souris. Elle a réussi à échapper au chat qui voulait .... croquer et, au bout de dix ans, elle est redevenue une belle jeune fille. Un prince .... vue et .... aussitôt épousée.
« Cette histoire, où ....-tu lue ? » « Je l'ai lue .... »

mots à ne pas confondre	astuces pour les distinguer
ont : ***avoir*** à la 3e pers. du pluriel du présent *Ils ont froid.* ***on*** : pronom personnel indéfini. *On a froid.* ***on n'*** : pronom personnel indéfini + **négation.** *On n'a pas froid.*	On essaie de les remplacer par ***avaient***. *Ils avaient froid.* → ***ont*** ~~*Avaient*~~ *a froid.* → ***on*** Pour choisir entre ***on*** et ***on n'***, il faut remplacer ***on*** par ***il***. *Il n'a pas froid.*

7 * **Complétez ces phrases avec *on* ou *ont*.**

1. Quand .... aime, ... ne compte pas.
2. Ils .... faim et .... soif, ... va donc leur servir un bon repas.
3. .... sait que les mille-pattes n'............ pas mille pattes. Ils en .... moins.

on n' est toujours suivi d'une 2e négation : *pas, plus, guère, jamais, rien...*

8 * **Complétez ces phrases avec *on* ou *on n'*. Soulignez les négations.**

1. .... entend guère de bruit, il n'y a personne : .... a dû se tromper d'adresse.
2. Des fraises ? .... en avait, mais .... en a plus.
3. .... arrive jamais à ouvrir cette porte, ... y comprend rien.

9 ** **Complétez ces phrases avec *on*, *on n'* ou *ont*.**

1. .... a souvent besoin d'un plus petit que soi. Les proverbes .... toujours raison.
2. .... imagine pas la quantité de gâteaux que les enfants .... mangés !
3. Sait-............... ce qu'ils .... découvert ? Non, ... ignore tout, ... a aucune réponse.

J'utilise ce que j'ai appris...

10 **Complétez ces phrases avec *leur*, *leurs*, *la*, *l'a*, *l'as*, *là*, *ont*, *on*, *on n'*.**

1. .... parents .... reproché .... paresse.
2. Où est .... clé ? Je l'avais mise .... ! C'est encore Lili qui .... prise et a oublié de .... ranger.
3. ....-tu vue, l'éclipse de lune ? .... a attendu .... pour rien, car .... a rien vu. Certains, cependant, l'................ observée avec .... télescope.
4. Les tortues viennent ...., sur .... petite île qu'............. aperçoit au loin, pour déposer .... œufs. C'est le guide qui nous .... dit, mais .... a pas pu y aller.

0,5 point par mot juste ■ Ma note : .... / 10

POUR DIRE **11** **Justifiez à tour de rôle le choix des homophones dans l'exercice précédent.**

POUR ÉCRIRE **12** **Utilisez *leur*, *leurs*, *la*, *l'a*, *l'as*, *ont*, *on*, *on n'*, dans autant de phrases que vous le désirez. Chaque mot doit être employé au moins une fois.**

47

Évaluation

L'orthographe

Mon objectif : évaluer ma maîtrise de l'orthographe

Je récapitule mes connaissances

1 **Je coche chaque fois la bonne réponse.**

1. ☐ le château de versailles ☐ le Château de versailles ☐ le château de Versailles
2. ☐ une sorciere cruèle ☐ une sorcière cruelle ☐ une sorcière cruèle
3. ☐ des travails banaux ☐ des travails banals ☐ des travaux banals
4. ☐ cette ami moqueure ☐ cet ami moqueur ☐ cette ami moqueur
5. ☐ Dans le ciel vole les hirondelles. ☐ Dans le ciel volent les hirondelles.
6. ☐ Je les observe. ☐ Je les observes. ☐ Je les observent.
7. ☐ Elles ont fini. ☐ Elles ont finies.
8. ☐ Elles sont parti. ☐ Elles sont parties. ☐ Elles sont partis.
9. ☐ Il a raison où tort. ☐ Il à raison ou tort. ☐ Il a raison ou tort. ☐ Il à raison où tort.

Je teste mes connaissances

2 **Je réécris ce texte en corrigeant les vingt fautes d'orthographe.**

Ulysse est ces compagnons on débarqués sur une île rocheuse. Il sont monté jusqu'a une immense caverne ou ce trouvait de nombreux moutons. C'est la que vit Polyphème, le Cyclope, qui à un œil unique au milieu du front. Quand il son arrivés, Polyphème n'étaient pas encore rentré. Ils ont inspectés la caverne obscur et ont attendu l'arrivé du Cyclope. Celui-ci arrive bientôt. Il porte d'énorme fagots de branches morte...

D'après Homère, *Odyssée*, VIIIe s. av. J.-C.

....

....

....

....

....

....

....

....

....

....

0,5 point par réponse juste ■ Ma note : .... / 10

J'applique mes connaissances...

POUR LIRE 3

Sindbad défit les branches qui l'**entouraient**. Il <u>se</u> leva et **revint** sur le rivage. Un navire longeait la côte. Le naufragé saisit une grosse branche d'arbre et l'**agita** en poussant des cris stridents afin d'attirer l'attention de l'équipage <u>ou</u> des passagers. Le navire s'approcha du rivage et **prit** Sindbad <u>à</u> son bord. On lui **demanda** comment il s'était trouvé ainsi, seul dans cette contrée déserte. Sans se faire prier, Sindbad raconta les aventures qui lui **étaient arrivées** et **décrivit** les terribles tourments endurés. Chacun **s'émerveillait** d'entendre des aventures aussi fabuleuses.

D'après *Les Mille et Une Nuits*.

1. **Précisez avec quel mot s'accordent les verbes en gras.** 4 points

entouraient : .... • revint : ....
agita : .... • prit : ....
demanda : .... • étaient arrivées : ....
décrivit : .... • s'émerveillait : ....

2. **Précisez avec quel mot s'accordent ces adjectifs.** 6 points

grosse : .... • stridents : ....
seul : .... • déserte : ....
terribles : .... • fabuleuses : ....

3. **Justifiez la terminaison de ces participes passés.** 4 points

arrivées : ....
....
endurés : ....
....

4. **Citez un homophone de chaque mot souligné et employez-le dans une phrase.** 6 points

se : .... → ....
ou : .... → ....
à : .... → ....

Ma note : .... / 20

POUR DIRE 4

Chaque élève écrit au tableau une phrase de sa composition, contenant un sujet, un groupe verbal (verbe + complément ou attribut) et, au moins, un adjectif. Ensuite, il justifie l'orthographe de chacun des mots importants de la phrase.

Évaluation collective : **10 points** : qualité de la phrase proposée
10 points : clarté et justesse des explications données

Notre note : .... / 20

POUR ÉCRIRE 5

Imaginez une suite de dix lignes au récit précédent des *Mille et Une Nuits*. Contrôlez la correction orthographique de votre texte en vous aidant de la méthode, pages 68 et 69.

1. Tenez compte de chaque fait du récit d'origine pour en écrire une suite cohérente. 5 points
2. Composez une histoire intéressante. 5 points
3. Vérifiez tous les accords : verbes, déterminants, adjectifs, participes passés. 5 points
4. Vérifiez l'orthographe de chaque mot, sans oublier les accents. 5 points

Ma note : .... / 20

Évaluation des compétences travaillées

➥ Observer les marques du genre et du nombre ➥ Maîtriser les principaux accords	Ma note globale : .... / 70 ■ Entre 0 et 17 : maîtrise insuffisante. ■ Entre 18 et 35 : maîtrise fragile. ■ Entre 36 et 53 : maîtrise satisfaisante. ■ Entre 54 et 70 : très bonne maîtrise.

Reportez les résultats de l'évaluation p. 128.

48

Préparation à la dictée

L'abeille et la mouche

Mon objectif : mettre en pratique mes connaissances d'orthographe grammaticale et lexicale

1. Je prépare la dictée

Orthographe grammaticale

1. Accordez les verbes avec leur sujet inversé (→ p. 27).

Où habite........-tu ? lui demande........-t-il.

2. Transformez ces phrases en phrases à l'impératif. N'oubliez pas les traits d'union entre les impératifs et les pronoms compléments (→ p. 63).

Tu te lèves. .... • Tu te prépares. ....

Conjugaison

3. Conjuguez : a. *apercevoir*, au présent (→ p. 51) **; b. *répondre*, au passé simple** (→ p. 56).

a. j'.. tu .... il, elle ....

nous .... vous .... ils, elles ....

b. je .... tu .... il, elle ....

nous .... vous .... ils, elles ....

Orthographe lexicale

4. Observez et mémorisez l'orthographe de ces mots, puis copiez-les deux fois.

ôter : .... • bourdonner : ....

2. J'écris la dictée

....

....

....

....

....

....

....

....

....

D'après Fénelon, *Fables*, « L'Abeille et la Mouche », 1859.

3. Je corrige mes fautes

Distinguez les fautes d'**accord**, de **conjugaison** et d'orthographe d'**usage**.

....

....

....

....

....

....

J'évalue ma dictée

2 points par faute de grammaire ou de conjugaison, 1 point par faute d'usage, 0,5 point par faute de ponctuation, d'accent d'usage, de majuscule.

Ma note : .... **/20**

Méthode

49 Comment utiliser un dictionnaire ?

Mon objectif : savoir se servir d'un dictionnaire pour en exploiter les ressources

1. Je fais mes recherches en suivant l'ordre alphabétique

- Dans un **dictionnaire** traditionnel en papier, les mots sont classés dans l'**ordre alphabétique**.

Exemple : Je veux connaître la signification du mot ***port***.
1. Je cherche la lettre **p** dans le dictionnaire
2. puis les lettres **o-r-t**.
3. J'observe les **mots-repères**, en haut de chaque page :

porcelaine en haut à gauche — 1er mot de la page
portable en haut à droite — dernier mot de la page

Le mot *port* est sur cette page, entre *porcelaine* et *portable*.

Je vérifie si j'ai compris

1. J'inscris les lettres de l'alphabet, dans l'ordre, le plus rapidement possible.

....

2. Je classe ces mots dans l'ordre alphabétique.

papier • avion • éléphant • revenir • bref • trouver • sable • blanc • curieux

....

2. J'interprète les informations du dictionnaire

- Un dictionnaire, **traditionnel** ou **numérique**, informe sur les **différents sens** du mot et sur ses **caractéristiques** :

PORT – 1° Abri aménagé pour recevoir les navires. → sens propre du mot
2° *Fig.* Lieu de repos. → sens figuré
[pɔʀ], *n. m.* (1050 ; lat. *portus*).

prononciation • nom masculin (nature et genre) • date d'apparition • langue d'origine (latin) • *port* en latin

Pour chercher un mot sur **Internet** (dictionnaire Robert Collège, par exemple), on tape : définition et le mot. Outre les sens principaux, on a accès aux synonymes, aux expressions, etc.

Je vérifie si j'ai compris

3. Je cherche les deux principaux sens du mot *soif*.

1. ....
2. ....

4. a. Je cherche la nature et le genre de ces mots.

pétale : .... • espèce : ....

b. Je cherche comment ils se disent en latin.

pétale : .... • espèce : ....

En résumé

Un **dictionnaire** est un outil indispensable pour l'**orthographe**, l'**expression écrite** et **orale**.

Vérifiez que vous avez bien compris en complétant la fiche imprimable.

bordas.media/733820_091

05/06/24

50 La formation des mots et les familles de mots

d'autres exercices numériques
bordas.media/733820_092

Mon objectif : comprendre comment sont formés les mots à partir de leur radical

J'observe et je réfléchis

1 a. Formez le plus possible de mots en utilisant ces différents éléments.

im mal propre ment té

Proprement, propreté, impropre, malpropre.

malpropreté
improprement

b. Quel est l'élément commun à tous ces mots ? Propre.

J'apprends et je m'exerce

- Un **radical** est l'élément de base d'un mot, celui qui porte le **sens** d'origine. Il peut être **précédé** d'un préfixe. Il peut être aussi **suivi** d'un **suffixe** :
  découragement : *dé* (préfixe) *courage* (radical) *ment* (suffixe)
- Le **radical** présente parfois des variations de forme : *douleur* → *indolore, douloureux*.

2 * Reliez chaque mot à sa composition.

indiscret	radical seul
discrétion	préfixe + radical + suffixe
discret	radical + suffixe
indiscrétion	préfixe + radical

3 Soulignez le radical de ces mots.

* **a.** impatient • parcours • prédire • souplement • délicatesse.

** **b.** odeur / odorant / malodorant • facile / difficile / facilité • voir / prévoir / prévisible.

- Les **préfixes** se placent **avant** le radical pour en **modifier** le **sens**. Ils ont souvent un sens précis :
  re- : à nouveau, en arrière • *en-, em-* : dans • *e-, ex-* : loin de, hors de.

4 * En puisant dans ces préfixes, formez des verbes dérivés de *mettre* et *porter* :
ad, ap, com, en, em, in, im, dé, é, ex, per, pré, pro, re, sou, sub, sup, trans.

mettre	porter
Admettre, commettre, émettre, permettre, promettre, remettre, soumettre, transmettre. démettre	Apporter, comporter, emporter, importer, exporter, reporter, supporter, transporter. déporter

5 ** Devinez le sens du préfixe utilisé dans chacune de ces trois séries de mots.

1. **in**connu, **im**battable, **in**égal : non. = sens négatif
2. **pré**voir, **pré**céder, **pré**fixe : avant, devant
3. **trans**porter, **trans**alpin, **trans**percer : à travers, au-delà

- Les **suffixes** **suivent** le radical. Ils font passer d'une **classe grammaticale** à l'autre :
  rare (adjectif) → *rareté* (nom), *rarement* (adverbe), *se raréfier* (verbe).
- Les suffixes peuvent **ajouter** une **signification** particulière au radical :
  -able, -ible (possibilité) : *faisable* • *-et, -ette* (diminutif) : *coffret* • *-ée* (contenu) : *cuillerée*.

Vous devrez modifier des **radicaux**.

6 **En ajoutant un suffixe, formez :**

* **a. des noms :** fier : fierté • inquiet : inquiétude • grand : grandeur

b. des verbes (avec *-iser* et *-ifier*) : fragile : fragiliser • pur : purifier

** **c. des adjectifs :** forêt : forestier • joie : joyeux • air : aérien

7 ** **Donnez le sens des mots soulignés en tenant compte de leur suffixe.**

1. une clochette : une petite cloche.
2. c'est acceptable : c'est possible de l'accepter.
3. une assiettée de purée : une petite assiette. le contenu d'une assiette

Ces mots peuvent avoir des **natures** variées.

- Une **famille de mots** est l'ensemble des mots qui ont le **même radical** :
lourd (adjectif) • *lourdeur* (nom) • *lourdement* (adverbe) • *alourdir* (verbe).
- À l'intérieur d'une même famille, le **radical** peut présenter des **formes différentes**.
grain, graine, grainetier, grenier, égrener, granuleux, grange, engranger...

8 * **Deux familles de mots ont été mélangées. Rangez chacune d'elles dans sa colonne.**

terrestre • terreur • terrain • atterrir • terrifier • terre • terrible • terroir • terroriser • terrier • déterrer • terroriste.

Terrestre, terrain, atterrir, terre, terroir, terrier, déterrer	Terreur, terrifier, terrible, terroriser, terroriste.
la terre	la terreur

J'utilise ce que j'ai appris...

POUR LIRE **9** *Tord-Chêne, un redoutable bûcheron, veut déboiser les forêts.*

Heureusement, la reine des poissons n'avait pas perdu de temps. Elle était allée se jeter aux pieds des trois grandes rivières voisines, leur représentant que si l'on n'arrêtait pas les projets de Tord-Chêne et de ses compagnons, les forêts trop éclaircies n'arrêteraient plus les vapeurs qui produisent les pluies et qui fournissent l'eau aux étangs.

Gérard DE NERVAL, *La Reine des poissons*, 1850.

a. Recopiez les quatre mots soulignés en séparant le radical, le préfixe et/ou le suffixe.

Redout/able - heureuse/ment - représent/ant - pro/jets.

b. Cherchez six mots de la famille de *jeter* (radicaux *-jet-* et *-ject-*).

oui

Jet, projet, projeter, projection, rejeter, rejet.

injecter, objecter, trajectoire

1 point par mot juste ■ Ma note : .... / 10

POUR DIRE **10** **Chacun choisit un mot, composé d'un radical, d'un préfixe et d'un suffixe, l'écrit au tableau et explique comment est formé ce mot.**

POUR ÉCRIRE **11** **Cherchez des mots de la famille de *campagne* (radicaux *champ-* et *-camp-*). Utilisez certains mots pour raconter une promenade dans la campagne.**

51 Les mots d'origine latine et grecque

d'autres exercices numériques
bordas.media/733820_094

Mon objectif : découvrir les bases latines et grecques des mots

J'observe et je réfléchis

1 **a. Trouvez les mots français formés sur ces mots latins.**

facilis : facile • *libertas :* liberté • *schola :* école

b. Trouvez les mots français formés sur ces mots grecs.

theatron : théâtre • *zôon :* zone / zoo • *athlétès :* athlète

J'apprends et je m'exerce

- La plupart des mots du vocabulaire français proviennent du latin.
- Plusieurs **préfixes** français viennent du **latin**. Connaître leur signification permet de **découvrir le sens** de nombreux mots :
ex- : hors de • in- (im-, il-, ir-) : dans, sur ou négation *• trans- : au-delà, à travers • inter- : entre • com- (con-, col-, co-) :* avec *• re- : à nouveau • sub- (sup-) : sous...*

2 * **Formez des mots en faisant précéder ces verbes de préfixes cités ci-dessus.**

porter : exporter, importer, transporter, reporter.
poser : exposer, imposer, composer, supposer, reposer.
venir : intervenir, revenir, subvenir, convenir.

3 * **Expliquez le sens des adjectifs soulignés d'après leur préfixe :**
***ante* : *avant* • *post* : *après*.**

Un événement <u>antérieur</u> : qui se passe avant un autre.
Un événement <u>postérieur</u> : qui se passe après un autre.

- Lorsqu'il est nécessaire de **créer** des mots **nouveaux**, on a souvent recours au latin :
similis (semblable) : similaire • auscultare (écouter) : ausculter • avis (oiseau) : avion

4 * **Cherchez des mots formés avec le mot latin *aqua* qui signifie *eau*.**

Aquatique, aquarium, aquarelle, aquaculture, aquagym, aqueduc, ...

5 ** **Les mots latins *equus* (cheval) et *aequus* (égal) ont tous deux fourni des mots français commençant par *équ(i)-*. Classez ces mots dans le tableau.**

équinoxe • équilatéral • équitation • équestre • équivalent • équidé

origine *equus*	origine *aequus*
Équitation, équestre, équidé.	Équinoxe, équilatéral, équivalent.

6 ** **Trouvez deux mots formés avec ces mots latins et <u>donnez leur sens.</u>** → oral

nox, noctis (nuit) • *somnus* (sommeil) • *ambulare* (se promener)

noctambule
Nocturne, nuisible - somnambule, ensommeillé -
Déambuler, ambulance.

- Certains mots **latins** sont passés **directement** en français : *agenda, forum, ex aequo, alinéa, bis, summum, et cetera...*

7 * **Associez chaque mot d'origine latine de l'encadré précédent à sa traduction.**

place publique : forum • à la ligne : alinéa • deux fois : bis

le plus haut : summum • à égalité : ex aequo

ce qui doit être fait : agenda • et le reste : et cetera

- Les mots **grecs** sont très utilisés en français pour former des mots **savants** ou des mots **nouveaux** (**néologismes**) : ***alpha*** (1re lettre de l'alphabet : a) + ***bêta*** (2e lettre de l'alphabet : b) → alphabet • ***kinéma*** (mouvement) → cinéma

8 * **Expliquez pourquoi on a choisi les mots grecs *têlé* (loin) et *phone* (voix), pour créer le mot *téléphone* en 1876.**

C'est un objet qui permet de parler à distance, d'émettre sa voix loin.

9 * **Donnez la définition de ces mots, à partir de leurs radicaux d'origine grecque : *mono* (seul) • *poly* (nombreux) • *ortho* (droit) • *théo* (dieu) • *gone* (angle) • *graphe* (écrire).**

polygone : Une figure à ~~un seul~~ angle. plusieurs (poly)

orthographe : Écrire "droit" (bien).

monothéisme : Quand on croit à un seul dieu.

polythéisme : Quand on croit à plusieurs dieux.

10 ** **Formez le plus possible de mots avec ces radicaux d'origine grecque : *bio* (vie) • *géo* (terre) • *thermo* (chaleur) • *auto* (soi-même) • *graph* (écrire) • *log* (étude, science) • *mètr* (mesure).**

thermomètre, géologie, géothermie, biologie, biographie / autobiographie, autographe, géomètre, ~~thermologie~~, géographie.

J'utilise ce que j'ai appris…

11 Anna possède de nombreux livres d'histoire, de géographie, de sciences de la vie et de la Terre, etc., qu'elle range dans sa bibliothèque.
Elle aime bien chanter ou écouter de la musique. Quand elle en a le temps, elle va voir ses amis. Elle a un chien qu'elle aime beaucoup.

Associez chaque mot souligné à un ou plusieurs mots latins ou grecs sur lesquels il est formé.

Mots latins : *bene* • *amare* • *scientia* • *amicus* • *vita* • *tempus* • *historia* • *canis* • *musica* • *Terra* • *et cetera* • *cantare*

Mots grecs : *gè* (terre) • *biblion* (livre) • *thêquè* (boîte, armoire) • *graphein* (écrire)

POUR DIRE **12** **Observez ces radicaux d'origine grecque : *derm-* : peau • *ophtalm(o)-* : œil • *ot(o)-* : oreille • *rhin(o)-* : nez • *laryng(o)* : gorge • *log-* : étude, science.**
Expliquez ce qu'est : un ophtalmologue, un dermatologue, un otorhinolaryngologiste.

POUR ÉCRIRE **13** **Écrivez cinq phrases de votre choix, en utilisant le plus possible de mots d'origine latine et grecque figurant dans les encadrés et les exercices.**

52 Les différents sens d'un mot : sens propre et sens figuré

d'autres exercices numériques
bordas.media/733820_096

Mon objectif : comprendre la différence entre sens propre et sens figuré

J'observe et je réfléchis

1 Les vagues **se tordant** arrivent au **galop**
Et **croulent** à mes pieds avec de longs **sanglots**.

Jules Laforgue.

a. **Les mots en gras s'appliquent-ils généralement à des vagues ?** Non.

b. **À qui s'appliquent, habituellement, les mots**
galop : un cheval • sanglots : des larmes ?
à une personne

J'apprends et je m'exerce

- Certains mots ne peuvent être employés qu'avec un seul sens : *ordinateur, magazine...*
  Mais de nombreux mots ont **plusieurs sens possibles** : *air, chaud, sec...*

2 ✱ **Classez ces noms en deux catégories.**

arbuste — pièce — stylo — canapé — course — rayon — cerisier

mots qui n'ont qu'un sens	mots qui peuvent avoir plusieurs sens
arbuste, stylo, cerisier	pièce, course, rayon, canapé

Le **sens propre** est celui qui figure en premier dans un article de dictionnaire.

- Un mot peut être employé :
  – au **sens propre** (son sens le plus **courant**) : *Le tonnerre gronde, c'est l'orage.*
  – ou au **sens figuré**, pour former une **image** : *Un tonnerre d'applaudissements éclata dans la salle.*

3 ✱ **Indiquez si les mots soulignés sont employés au sens propre ou au sens figuré.**

1. Un écureuil grimpe le long du tronc. Sens propre
2. Les prix ont grimpé au mois de janvier. Sens figuré
3. Nous avons apprécié la chaleur de leur accueil. Sens figuré
4. Il fait une chaleur écrasante. 1) Sens propre ; 2) Sens figuré ;

4 ✱ **Reliez chaque expression figurée à sa définition.**

avoir un chat dans la gorge •	• être très médisant(e)
tomber dans les pommes •	• avoir des idées mélancoliques
avoir une langue de vipère •	• être enroué(e)
broyer du noir •	• s'évanouir
prêter main-forte •	• apporter son aide

5 ✱✱ **Employez ces mots dans deux phrases : a. au sens propre ; b. au sens figuré.**

1. sommet : **a.** Au sommet de la montagne, l'oxygène est rare.
   b. Cette chanson va atteindre des sommets !
2. solide : **a.** Ce mur de briques est très solide !
   b. La glace, c'est de l'eau à l'état solide.
   un solide appétit

21/05/24

- Selon le **niveau de langue** (courant, soutenu ou familier), certains mots ont un sens propre ou un sens figuré :
  Un moustique m'a piqué. → niveau courant, sens propre
  On m'a piqué mon stylo. → niveau familier, sens figuré

6 ⁎ **a. Employez ces mots dans des phrases où ils auront leur sens propre.**

navet : Maman prépare une soupe de navets.

canard : Le canard est un oiseau des lacs.

⁎⁎ **b. Quel est leur sens dans ces phrases d'un niveau familier ?**

1. Ne va pas voir ce film, c'est un **navet**. Il est raté.
2. La nouvelle a été publiée dans le **canard** de mardi. Dans le journal.

- Le **sens figuré** se rencontre souvent en **poésie**, car il fait appel à l'**imaginaire**.

7 ⁎⁎ **Surlignez les mots en gras qui sont au sens propre. Entourez ceux au sens figuré.**

La **lune** est rouge au brumeux **horizon** ;
Dans un **brouillard** qui **danse**, la prairie
S'endort fumeuse et la **grenouille** crie
Par les **joncs** verts où **circule** un **frisson**.

Paul VERLAINE.

J'utilise ce que j'ai appris...

POUR LIRE **8** Un coup de **tonnerre** fait **trembler** le sol, un immense **éclair déchire** le **ciel** et un terrible **ouragan** s'abat sur la Terre. Il **noie** les campagnes et dévaste les **moissons**. Mais sous les **assauts** du **vent**, l'arche de Noé et ses hôtes résistent et semblent **narguer** les **intempéries**. Une **montagne** d'**eau** semble s'élever, l'arche monte aussi, elle **danse** sur les **flots**, toute sa structure **gémit**, mais résiste. Pendant quarante jours la **pluie ruisselle** interminablement et l'arche **navigue** vers son destin.

D'après la *Bible*.

Classez les mots en gras selon leur emploi : sens propre ou figuré.
Demandez-vous si le mot est habituellement utilisé avec les autres mots de la phrase.
Ex. : *Le soleil rit* → *rire* s'emploie d'habitude pour une personne.
Le verbe *rire* est donc au sens figuré.

sens propre	sens figuré
tonnerre, éclair, ciel, ouragan, moissons, vent, intempéries, eau, flots, pluie, navigue.	Déchire, noie, assauts, narguer, montagne, danse, gémit, trembler, ruisselle.

ruisselle

0,5 point par réponse juste ■ Ma note : ..../ 10

POUR DIRE **9** [par groupes de 3 ou 4] **Chaque groupe invente une petite scène amusante où quelqu'un de naïf comprend au sens propre une des expressions figurées de l'exercice 4.**

POUR ÉCRIRE **10** **Employez chacun de ces adjectifs dans deux phrases : *frais* • *lumineux* • *sec***
a. avec son sens propre ; b. avec un sens figuré.

15/05/24

53 Les synonymes et les antonymes

d'autres exercices numériques
bordas.media/733820_098

Mon objectif : trouver les mots de sens proche ou de sens contraire

J'observe et je réfléchis

✓ **1** Alice se promenait tristement au milieu de la salle, se demandant comment elle en sortirait. Sa tête ne pouvait même pas passer la porte.

Lewis CARROLL, *Alice au pays des merveilles*, 1865.

Alice se promenait mélancoliquement au centre de la pièce, se demandant de quelle manière elle en sortirait. Sa tête ne pouvait même pas passer la porte.

a. **Ces deux textes ont un sens :** proche ☑ différent ☐

b. **Soulignez les mots qui changent d'un texte à l'autre.**

J'apprends et je m'exerce

- Les **synonymes** sont des mots qui ont le **même sens** ou un sens **très proche** : *calme, tranquille, paisible.*
- Les synonymes ont la **même classe grammaticale**.

✓ **2** * **Reliez chaque mot à son synonyme.**

espérer	exact
remuer	bizarre
étrange	inédit
défaite	souhaiter
juste	agiter
original	échec

✓ **3** ** **Entourez le synonyme de chacun de ces mots, parmi les mots proposés.**

1. **habile :** habillé, facile, adroit, direct
2. **répliquer :** restaurer, retenir, redemander, rétorquer
3. **désordre :** rangement, confusion, déménagement, ennui
4. **démodé :** désuet, défait, dépareillé, démonté

Le **contexte** d'un mot est le texte qui entoure ce mot.

- Quand un mot a **plusieurs sens**, il a également **plusieurs synonymes**. On doit donc tenir compte du **contexte** pour trouver un synonyme.
Le ciel est clair. = Le ciel est lumineux.
La situation est claire. = La situation est évidente.

✓ **4** ** **Trouvez un synonyme des mots en gras, en tenant compte du contexte.**

1. Les pâtisseries au miel sont trop **douces** à mon goût. Sucrées
2. Julie est très **douce** avec les enfants. Gentille
3. Il **a chuté** dans l'escalier et s'est fait une entorse. Est tombé
4. Les prix de certains ordinateurs **ont chuté**. Ont baissé

- Les synonymes peuvent appartenir à des **niveaux de langue différents**.
*L'exercice est **facile*** (courant). *L'exercice est **fastoche*** (familier).
*L'exercice est **élémentaire*** (soutenu).

5 **Les mots soulignés ont un niveau de langue soutenu. Donnez leur synonyme en niveau courant, * en vous aidant d'un dictionnaire ; ** sans dictionnaire.**

1. Il ne supporte plus les railleries de ses camarades. moqueries
2. Le pire a pu être évité grâce à la promptitude des secours. rapidité
3. Tu dois te montrer courtois en toute circonstance. poli
4. Ils résident dans une maison vétuste. habitent ... vieille ~~désuète~~ délabrée

- Les **antonymes** sont des mots de **sens contraire** : *Le climat est chaud. ≠ Le climat est froid.*
- Les antonymes ont la **même nature**.

6 *** Trouvez un antonyme pour chacun de ces mots.**

partir : arriver / rester • humide : sec • facilité : difficulté
intéressant : ennuyeux • égoïste : généreux • simple : difficile

7 *** Formez les antonymes de ces mots en utilisant les préfixes *in-*, *il-*, *dé-*, *dés-*.**

discret : indiscret • espérer : désespérer • faire : défaire
limité : illimité • approuver : désapprouver • garnir : dégarnir

J'utilise ce que j'ai appris…

POUR LIRE **8** Comme tout est **bizarre** aujourd'hui ! **Pourtant**, hier, les choses se déroulaient **normalement**.
Je me demande si quelqu'un m'**a changée** pendant **la nuit**. Réfléchissons : étais-je bien **la même** à mon réveil **ce matin** ? Je crois **me souvenir** que j'avais l'impression d'être un peu **différente**.

Lewis CARROLL, *Alice au pays des merveilles*, 1865.

a. Donnez les synonymes des mots en rouge.

Étrange / dérangé, mais, cependant, m'a renouvelée, transformée, me rappeler.

b. Donnez les antonymes des mots en gras.

Bizarrement / étrangement, le jour, différente, ce soir, pareille / inchangée. (la même)

POUR DIRE **9** [en groupe] **Écrivez au tableau une liste d'adjectifs qualificatifs courants. Oralement, chacun propose un synonyme et un antonyme, quand c'est possible.**

POUR ÉCRIRE **10** **Décrivez ces deux chiens en utilisant plusieurs antonymes que vous soulignerez.**
Commencez par faire deux listes des caractéristiques de chaque chien en insistant sur leurs différences.

Autoévaluation

	Oui	Non
J'ai écrit un texte descriptif.		
J'ai tenu compte du dessin.		
J'ai insisté sur les différences.		
J'ai souligné les antonymes.		

J'ai obtenu :
- **1 oui** = Je remanie profondément le devoir.
- **2 oui** = Je fais toutes les corrections.
- **3 oui** = C'est bien, mais je corrige ce qui est nécessaire.
- **4 oui** = Bravo ! Mais je relis et améliore mon devoir.

54 Les homonymes

d'autres exercices numériques
bordas.media/733820_100

Mon objectif : **différencier des mots qui ont la même prononciation mais un sens différent**

J'apprends et je m'exerce

Homophone : du grec *homos*, semblable, et *phônê*, le son.

- Les **homonymes** sont des mots qui **se prononcent** de la **même façon** mais qui n'ont pas le même sens : *un sot, un seau, un sceau*.
Quand ils **s'écrivent différemment**, on les appelle des **homophones**.

✓

1 * Complétez ces phrases avec le mot qui convient parmi les homonymes proposés.

1. Avancez de vingt pas, puis tournez à droite. (*vin, vingt, vint, vain*)
2. J'ai commencé à lire les contes de Perrault. (*comtes, comptes, contes*)
3. Nous avons eu un cours d'histoire intéressant. (*cours, cour, court*)
4. Et maintenant, nous allons tous chanter en chœur ! (*cœur, chœur*)
5. N'oublie pas d'ajouter un brin de thym dans la sauce. (*thym, teint, tint*)

✓

2 * Faites des phrases avec ces homonymes.

1. cou : Le cou de la girafe est très long !
2. coup : Le boxeur donne des coups dans le punching-ball.
3. coût : Ce bibelot a un coût très élevé !

✓

3 ** Choisissez parmi ces mots celui qui convient à chacune des définitions ci-dessous : *raisonner • résonner • cahot • chaos.*

1. Pendant un transport, choc ou saut sur un chemin inégal : cahot
2. Produire un son intense ou prolongé. S'emplir de bruits : résonner
3. Désordre important, grande confusion : chaos
4. Se servir de sa pensée pour comprendre ou argumenter : raisonner

✓

4 ** Pour chacun de ces mots, trouvez un homonyme et utilisez-le dans une phrase.

1. chant : Ici, c'est un champ de blé, et là un de colza.
2. père : Ma plus belle paire de chaussures est là.
3. pois : La baleine bleue est l'animal au poids le plus élevé.
4. point : Le poing, c'est la main fermée.
5. cour : Le court de tennis peut être d'herbe ou de terre battue.

cours de maths

Homographe : du grec *homos*, semblable, et *graphein*, écrire.

- Certains homonymes ont à la fois la **même prononciation** et la **même orthographe**.
On les appelle des **homographes** : *Un bois de pin. Je bois du thé.*

✓

5 * Employez ces noms dans deux phrases : a. au masculin ; b. au féminin.

1. vase : a. Il y a des fleurs dans ce vase.
b. Les grenouilles vivent dans la vase.
2. somme : a. Mon frère fait un petit somme.
b. Ne dépense pas de grosses sommes d'argent pour ça !

ÉCRIRE 6 Cherchez les homonymes du mot *ver* et utilisez-les pour composer un poème ou un petit texte fantaisiste.

55 Les mots composés

d'autres exercices numériques
bordas.media/733820_101

Mon objectif : reconnaître les éléments d'un mot composé

J'apprends et je m'exerce

- On forme des **mots composés** en regroupant deux ou plusieurs mots.
Ces mots peuvent être :
– reliés par un trait d'union : *un chou-fleur*
– reliés par une préposition : *une pomme de terre*
– soudés : *un portemonnaie, quelquefois*
– juxtaposés : *un compte rendu*.

1 * **a. Associez ces mots deux par deux pour former des mots composés. b. Écrivez les mots composés obtenus en les reliant par ~~une préposition~~.** un trait d'union

a.	
gratte	cour
abat	goût
après	ciel
basse	parole
porte	midi
avant	jour

b. Gratte-ciel, abat-jour, après-midi, basse-cour, porte-parole, avant-goût.

2 * **Complétez ces mots composés avec la préposition qui manque.**
une machine ..à.. écrire • un chemin ..de.. fer • un fer ..à.. cheval • un arc-..en..-ciel

3 * **Formez des noms composés soudés en associant ces éléments deux par deux.**
passe • terrestre • mille • bon • copie • extra • port • homme • photo • feuille
passeport / extraterrestre / bonhomme / millefeuille / photocopie

4 ** **Trouvez plusieurs mots composés soudés commençant par *bien*.**
bienheureux / bienfaisant / bienfaiteur / bienséance / bienveillant / bienvenue / bien-aimé / bien-être
bientôt

- Les mots composés sont constitués de mots de natures grammaticales variées.

plate-bande	*chasse-neige*	*contre-attaque*
adjectif + nom	verbe + nom	préposition + nom

5 ** **Indiquez la nature de chaque élément constituant ces mots composés.**
savoir-faire : verbe + verbe
longtemps : adjectif + nom
sous-estimer : préposition + verbe
sous-sol : préposition + nom
sans abri : préposition + nom
chauffe-plat : ~~adjectif~~ verbe + nom

ÉCRIRE **6** **Inventez au moins cinq mots composés et donnez pour chacun d'eux une définition amusante.**

56 Les champs lexicaux

d'autres exercices numériques
bordas.media/733820_102

Mon objectif : savoir regrouper des mots appartenant à un même thème

J'observe et je réfléchis

1 Gaieté, bonne humeur, joyeux, rire, allégresse, gaiement, euphorie, se réjouir.
Ces mots ont-ils été regroupés parce qu'ils ont :
a. la même nature ? Non
b. un rapport de sens ? Oui

J'apprends et je m'exerce

- Un **champ lexical** est **l'ensemble des mots** qui se rapportent à une **même idée** ou au **même domaine**. *Mer : vagues, océan, naviguer, marée, houleuse, poissons, nager, algues…*

2 * **Soulignez les mots qui appartiennent au champ lexical de la nuit.**
nocturne • obscur • forêt • lune • se promener • veiller • dormir • travailler
obscurité • minuit • large • sommeil • rivière • étoile • observer • livre
cauchemar • oiseaux • réfléchir • noir • attentif • oreiller • sombre • animaux

3 ** **Les mots de deux champs lexicaux ont été mélangés.** = habitation
a. Soulignez ceux du premier et surlignez ceux du second.
b. Quels sont ces champs lexicaux ? le logement, le travail
maison • chambre • travail • habiter • toit • labeur • manuel • intéressant
appartement • zèle • loger • embaucher • salaire • terrasse • fatigant
employé • location • mur • neuf (neuve) • chaumière • escalier • travailler
assidu • besogne

4 ** **Complétez ces champs lexicaux des sensations.**
1. vue, apercevoir, visible, regard, œil, champ de vision, invisible, aveugle, couleurs, formes, film
2. entendre, bruit, sonore, son, oreille, écouter, ouïe, chanson, bruyant, audible
3. odeur, sentir, parfumé, parfum, nez, odorat, renifler, humer, odorant, parfumer
4. Goûter, saveur, délicieux, déguster, savourer, goût, repas, mets, plat, langue, papilles, sucré, salé, acide, amer, fade
(insipide, immangeable, goûteux, gustatif, dégoûtant, écœurant)
5. toucher, contact, rugueux, doux, main, tâter, humide, sec, mou, dur, doigts, heurter, cogner (palper, caresser, tâter)

- Les mots d'un champ lexical ont des natures variées.
mer (nom), *naviguer* (verbe), *houleux* (adjectif).

5 * ***Peur, effroi, craintif, trembler, redouter…* Enrichissez ce champ lexical de la peur avec des mots de la nature indiquée.**
Noms : terreur, fantôme, sorcier, Halloween, mort, noir (crainte, angoisse, panique)
Adjectifs : hanté(e), terrifié(e), dangereux(se) (effrayant, terrible, apeuré)
Verbes : fuir, crier, hurler, haleter, cauchemarder (craindre, pâlir, trembler)
Expressions : avoir froid dans le dos, claquer des dents

- Un mot peut appartenir à des **champs lexicaux différents**.
  Ainsi, le mot *poisson* peut faire partie du champ lexical de la mer, du champ lexical des animaux ou de celui de la nourriture.

6 ✱ **Développez les deux champs lexicaux auxquels pourrait appartenir le nom *glace*.**

Froid : banquise, gelé, pôle, grelotter, neige, frigo, flocon, congélateur, refroidir, inuit, rhume, frimas, givre, bise

Desserts : sucré, repas, gâteau, cuisiner, pâtissier, tarte, fruits, coulis, chocolat, friandise, gourmand

- En recherchant, dans un **texte**, le champ lexical dominant, on peut trouver le **thème** développé par l'auteur.

7 ✱✱ Je saisis mon ancre et la jetai dans la rivière. Le canot, qui redescendait avec le courant, fila sa chaîne jusqu'au bout, puis s'arrêta. [...] On n'entendait rien, rien : parfois seulement, je croyais saisir un petit clapotement presque insensible de l'eau contre la rive, et j'apercevais des groupes de roseaux qui prenaient des figures surprenantes et semblaient par moments s'agiter. Le fleuve était parfaitement tranquille, mais je me sentis ému par le silence extraordinaire qui m'entourait. [...] Je m'étendis au fond du bateau et je regardai le ciel.

Guy DE MAUPASSANT, *La Maison Tellier*, « Sur l'eau », 1881.

a. Quel champ lexical est développé dans ce texte ? (L'eau) rivière

b. Soulignez les mots appartenant à ce champ lexical.

c. Pourquoi ce champ lexical est-il développé dans ce passage ?

Pour expliquer comment est le fleuve.

pour décrire ce que fait, voit, entend le narrateur

J'utilise ce que j'ai appris...

POUR LIRE 8 On entendait des voix sans nombre. [...] Puis des clameurs, des clairons, des trépidations étranges, et ce grand hurlement majestueux que les marins nomment appel de l'océan. Les spirales indéfinies et fuyantes du vent sifflaient en tordant le flot. [...] Puis les mugissements redoublaient. Aucune rumeur humaine ou bestiale ne saurait donner l'idée des fracas mêlés à ces dislocations de la mer.

Victor HUGO, *Les Travailleurs de la mer*, 1866.

a. Relevez les quatre mots du champ lexical de la *mer*. ..../4

Océan, flot, marins, mer

b. Soulignez les dix mots du champ lexical du *bruit*. ..../5

c. Que décrit l'auteur grâce à ces champs lexicaux ? ..../1

Il montre que la mer est bruyante (il décrit une tempête en mer)

0,5 point par mot juste à b. ■ Ma note : ..../ 10

POUR DIRE 9 [en groupe] **Mettez-vous d'accord sur un champ lexical (par exemple, l'école, le sport...). Proposez tous un mot pour enrichir ce champ lexical.**

POUR ÉCRIRE 10 **Sujet : *Racontez une promenade en forêt.***
Avant de rédiger, imaginez quel sentiment dominant vous avez éprouvé pendant cette promenade : amusement, bien-être, peur...
Puis établissez le champ lexical de la forêt et celui du sentiment éprouvé.
Enfin, rédigez en puisant dans ces champs lexicaux.

57

Le vocabulaire du monstre dans les mythes et les contes

+ d'autres exercices numériques
bordas.media/733820_104

Mon objectif : connaître et employer le vocabulaire d'un thème du programme

J'observe et je réfléchis

1 Le prince dut affronter le dragon. C'était une créature effrayante, un monstre pourvu de griffes acérées, d'ailes et d'une queue de serpent. Ses yeux étaient incandescents et sa bouche lançait des flammes.

a. **Peut-on trouver une créature semblable dans la réalité ?** Non.
b. **Quels sentiments le dragon inspire-t-il ?** La terreur, la soumission.

J'apprends et je m'exerce

- Dans la littérature, en particulier dans les **mythes** et les **contes**, les **monstres** sont des **créatures fantastiques**, des **êtres** dont l'apparence est **anormale**.
- Le **monstre** possède une **force brutale** et **primitive**. Il est **cruel** et souvent **anthropophage**.

2 * **Classez dans le tableau ces adjectifs pouvant qualifier un monstre.**

cruel • repoussant • difforme • terrible • laid • hideux
impitoyable • barbare • féroce • affreux • effrayant • inhumain

aspect	caractère
repoussant, difforme, laid, hideux	cruel, terrible, impitoyable, barbare, féroce

3 * **Trouvez des noms et des adjectifs qui expriment la taille démesurée d'un monstre.**

gigantisme ← Géant, immense, énorme
colosse, mastodonte

4 * **Classez ces mots exprimant ce qu'on éprouve face à un monstre.**

panique • horreur • vertige • épouvante • répugnance • tremblements
stupéfaction • frissons • effroi • pâleur

sentiments	réactions physiques
panique, horreur, épouvante, répugnance, effroi	vertige, tremblements, stupéfaction, frissons, pâleur

stupéfaction — cause la stupeur

- Le monstre est à l'opposé d'**humains intelligents** et **éduqués**. Il est terrassé par des **héros** plus **faibles**, mais plus **intelligents** et **courageux** :
Ulysse et le cyclope Polyphème, le Petit Poucet et l'Ogre.

5 * **Parmi ces mots, soulignez ceux qui se rapportent à des monstres et surlignez ceux qui se rapportent à des héros qui en triomphent.**

stupide • vorace • rusé • sauvage • astucieux • adroit • grossier • féroce
• hardi • violent • intrépide • brave • audacieux • brutal • bestial

6 ** **Donnez les noms correspondant aux adjectifs de l'exercice précédent.**

Stupidité, voracité, ruse, sauvagerie, astuce, adresse, grossièreté, férocité, hardiesse, violence, intrépidité, bravoure, audace, brutalité, bestialité.

TB

- Dans la **mythologie**, le monstre est :
  - un être d'apparence **humaine** avec une **particularité physique** : *un cyclope* (un seul œil)
  - un être **hybride** mi-homme mi-animal : *le Minotaure* (corps d'homme, tête de taureau)
  - un animal **composite** : *un griffon* (tête d'aigle et corps de lion ailé)
  - un animal **monstrueux** : *Cerbère* (chien à plusieurs têtes, gardien des enfers)

7 ** **Associez chacun de ces monstres à sa catégorie.**

Centaure : moitié homme moitié cheval	animal composite
Méduse : femme à la chevelure de serpents	animal monstrueux
Hydre : corps de chien et têtes de serpents	être hybride
Python : serpent monstrueux	être avec une particularité

8 ** **Parmi ces personnages mythologiques, indiquez à quelle définition chacun d'eux correspond : Polyphème, le Sphinx, les sirènes.**

créature femme, lion et oiseau qui posait des énigmes : le Sphinx

créatures féminines qui attiraient les navigateurs par leurs chants : les sirènes

cyclope tué par Ulysse : Polyphème

- Dans les **contes**, le monstre est souvent un être à l'apparence **humaine**, mais :
  - d'une taille **gigantesque** : *le géant* ; ou minuscule : *le nain*
  - d'un aspect **repoussant** : *Barbe bleue* ; **inquiétant** ou **effrayant** : *le sorcier*.
- Le monstre est parfois une **bête monstrueuse** : *le grand méchant loup*.

9 * **Trouvez des mots pouvant se rapporter à ces personnages.**

l'ogre : grand gros vorace stupide laid effrayant cruel

le lutin : petit, farceur, blagueur, malin, rapide, vivacité

le grand méchant loup : cruel impitoyable, trompeur, rusé, velu, effrayant

J'utilise ce que j'ai appris...

POUR LIRE 10

1. Le sanglier d'Érymanthe était un animal monstrueux, d'une taille gigantesque et d'une force prodigieuse. Ses défenses étaient faites dans un métal tranchant. Il terrorisait la région et comme il se faufilait dans les buissons, nul ne pouvait l'attraper. Hercule le poursuivit jusqu'à ce qu'il fût à bout de forces. Il put alors l'enchaîner et le transporter sur ses épaules. *Hercule et le sanglier d'Érymanthe.*

2. Ces pauvres enfants avaient affaire au plus cruel de tous les ogres, qui, bien loin d'avoir de la pitié, les dévorait déjà des yeux et disait à sa femme que ce serait là de savoureux morceaux lorsqu'elle leur aurait fait une bonne sauce. Il prit un grand couteau... . Charles PERRAULT, *Le Petit Poucet*, 1697.

TB

a. **Dans le texte 1, entourez les mots ou expressions qui indiquent que ce sanglier est un monstre.** ..../5

b. **Dans le texte 2, soulignez tout ce qui fait de l'ogre un personnage monstrueux.** ..../5

Ma note : .... / 10

POUR DIRE 11 [en groupe] **L'un(e) de vous commence oralement le portrait d'un animal monstrueux. Chaque élève ajoute une touche descriptive à ce portrait.**

POUR ÉCRIRE 12 **En rêve, vous rencontrez un monstre. Décrivez-le et racontez vos aventures.**

M 106 124

58 Le vocabulaire des récits d'aventures

d'autres exercices numériques
bordas.media/733820_106

Mon objectif : **connaître et employer le vocabulaire d'un thème du programme**

J'observe et je réfléchis

1 Les naufragés ne devaient rien attendre que d'eux-mêmes. Mais, avant tout, devaient-ils s'installer sur cette partie de la côte, sans chercher à savoir à quel continent elle appartenait, si elle était habitée, ou si ce littoral n'était que le rivage d'une île déserte ?

Jules VERNE, *L'Île mystérieuse*, 1875.

a. **Où se situent les faits racontés ?** Sur une île. une terre inconnue, peut-être une île.

b. **Qui sont les personnages ?** Des naufragés

c. **Leur situation est-elle banale ou exceptionnelle ?** Exceptionnelle

J'apprends et je m'exerce

- Un **récit d'aventures** est un récit qui privilégie l'*action*, le *suspense*.
Les situations qu'il décrit se veulent *réalistes*, mais elles sont *extraordinaires*, *imprévisibles*, *inouïes*, *stupéfiantes*, *rocambolesques*, à la *limite du vraisemblable*.
- Il est souvent associé au **récit de voyage mouvementé**.

2 ** **Soulignez les adjectifs qui peuvent qualifier un récit d'aventures.**

passionnant • émouvant • ennuyeux • captivant • banal • palpitant • bizarre
habituel • romanesque • haletant • monotone • étonnant • sensationnel
surprenant • imprévisible

- La **construction** du récit d'aventures suit un **schéma narratif** classique : une **situation initiale**, suivie d'un **événement déclencheur** qui entraîne de multiples **péripéties**, racontées à un **rythme soutenu**, pour aboutir à un **dénouement imprévu** et à une **situation finale heureuse**.

3 * **Imaginez quelles difficultés peut rencontrer le héros d'un récit d'aventures.**

Il pourrait avoir à échapper à des monstres, s'échapper d'un endroit ou en rejoindre un autre, survivre seul

tempête, naufrage, accident, ennemi, vol, trahison, hostilité, chutes, attaque, emprisonnement

4 * **Associez chaque mot de la série a. à son synonyme de la série b.**

a. danger : péril • embuscade : guet-apens • trahison : fourberie
obstacle : difficulté • retard : contretemps

b. guet-apens • contretemps • fourberie • péril • difficulté

- Les **lieux** où se déroulent les récits d'aventures sont généralement *lointains*, *inconnus*, *exotiques*, *déserts* ou peuplés d'êtres *différents*, parfois *hostiles*.

5 ** **Parmi ces adjectifs, soulignez ceux qui pourraient qualifier un décor d'aventures.**

étrange • dépaysant • proche • paradisiaque • quotidien • tropical • inquiétant
neutre • nouveau • ordinaire

6 * **Si vous aviez à écrire un récit d'aventures, imaginez les différents lieux où vous pourriez situer l'action.**

Une île déserte, un pays lointain, l'espace, un monde surnaturel (autre dimension ?), la mer, un labyrinthe..., une ville sous-terraine, un château abandonné, ...

- Le **héros** ou l'**héroïne** sont souvent des **jeunes gens beaux** et **sympathiques**, placé dans une situation extraordinaire. Il poursuivent un **but** : *quête*, *mission*, *trésor*, *justice*, *horizons nouveaux*…
- Parmi les **personnages**, il y a les « **bons** » : le **héros** ou l'**héroïne** et leurs **alliés** ; les « **méchants** » : ses **ennemis** qui sont *forts*, *rusés*, *sans scrupules*, *malhonnêtes*, *cruels*…

7 ✱ **Classez dans le tableau les noms ci-dessous.**

courage • déloyauté • intelligence • adresse • fourberie • honnêteté • cruauté
droiture • brutalité • intrépidité • méchanceté

héros	ennemis
courage / intelligence / adresse / honnêteté / droiture / intrépidité	déloyauté / intelligence / fourberie / cruauté / brutalité / méchanceté

8 ✱ **Donnez les adjectifs correspondant aux noms de l'exercice précédent.**

Courageux, intelligent, adroit, honnête, droit, intrépide, déloyal, fourbe, cruel, brutal, méchant.

J'utilise ce que j'ai appris…

POUR LIRE **9** *Edmond Dantès, enfermé dans un sac avec un boulet au pied, est précipité à la mer.*

Il lui sembla que cette chute durait un siècle. Avec un bruit épouvantable, il entra comme une flèche dans une eau glacée qui lui fit pousser un cri, étouffé à l'instant même par l'immersion. Dantès étourdi, presque suffoqué, eut cependant la présence d'esprit de retenir son haleine, et, comme sa main droite tenait son couteau tout ouvert, il éventra rapidement le sac, sortit le bras, puis la tête ; mais alors, malgré ses mouvements pour soulever le boulet, il continua de se sentir entraîné ; alors il se cambra, cherchant la corde qui liait ses jambes, et, par un effort suprême, il la trancha précisément au moment où il suffoquait ; alors, donnant un vigoureux coup de pied, il remonta libre à la surface de la mer.

Alexandre DUMAS, *Le Comte de Monte-Cristo*, 1844.

Après avoir relu les encadrés de la leçon, trouvez les mots qui caractérisent :

a. l'histoire racontée : Edmond Dantès enfermé dans un sac, est jeté à l'eau. Il réussi à se sauver en tranchant le sac avec un couteau qu'il avait sur lui. ⚠ résumé

histoire rocambolesque, vraisemblable mais extraordinaire

b. le personnage d'Edmond Dantès : Il est réactif et intelligent, fort physiquement aussi, pour se sauver sans respirer.
fort, habile, courageux, confronté à un obstacle qui paraît insurmontable

POUR DIRE **10** [en groupe] **L'un de vous commence oralement un récit d'aventures. Chaque élève ajoute un fait ou un détail à ce récit.**

POUR ÉCRIRE **11** **Imaginez une suite au texte de l'exercice 9.**

Autoévaluation

	Oui	Non
Mon récit commence quand le héros remonte à la surface.		
J'ai respecté la situation globale dans laquelle il se trouve.		
J'ai construit clairement mon récit, en paragraphes.		
J'ai utilisé le vocabulaire des récits d'aventures.		

J'ai obtenu :
- **1 oui** = Je remanie profondément le devoir.
- **2 oui** = Je fais toutes les corrections.
- **3 oui** = C'est bien, mais je corrige ce qui est nécessaire.
- **4 oui** = Bravo ! Mais je relis et améliore mon devoir.

59 Le vocabulaire des récits de création

d'autres exercices numériques
bordas.media/733820_108

Mon objectif : connaître et employer le vocabulaire d'un thème du programme

J'observe et je réfléchis

1 Au commencement, Dieu créa le ciel et la terre. La terre était déserte et vide, et les ténèbres régnaient à la surface de l'abîme.

La *Bible*, Livre de la Genèse.

Votre Seigneur est ce Dieu qui a créé les cieux et la terre en six jours ; puis s'est assis en majesté sur le trône.

Le *Coran*, sourate VII.

a. **Pourquoi ces textes appartiennent-ils à des « récits de création » ?**

....

b. **Qui est à l'origine de cette création ?** ....

c. **Qu'a-t-il créé avant l'homme ?** ....

J'apprends et je m'exerce

- Les **récits de création** racontent la **naissance de l'univers et des hommes**.
On les appelle aussi : *mythes des origines, récits originels, légendes de la création du monde, cosmogonie, récits cosmogoniques*.
- La **cosmogonie** est **l'ensemble des récits** cherchant à expliquer l'origine du monde.

2 * **Indiquez à quelles religions appartiennent ces trois récits des origines : la Bible (Genèse) • le Coran • la mythologie.**

1. religion des Grecs et des Romains de l'Antiquité → ....
2. religion des musulmans → ....
3. religion des Hébreux et des chrétiens → ....

3 * **Quels mots, relatifs à la création du monde, sont formés sur ces mots grecs ?**

1. *Cosmos* signifie « univers ». *Gonia* signifie « création, engendrement » : ....
2. Le mot grec *genesis* signifie « création, formation » : ....

- Le **créateur** est : *un dieu, une divinité, un être suprême*. Il va créer le monde à partir du **néant** ou du **chaos**. Il va mettre de l'**ordre** dans le **désordre**.
- Selon les mythes de l'**Antiquité grecque, plusieurs dieux** ont participé à cette création.

4 * **À quelle définition correspondent les mots *monothéisme* et *polythéisme* ?**

1. Croyance qui admet l'existence d'un Dieu unique. ....
2. Croyance qui admet l'existence de plusieurs dieux. ....

5 * **À quelle définition correspondent les mots *néant* et *chaos* ?**

1. Confusion des éléments et de la matière, avant la formation du monde → ....
2. Ce qui n'existe pas, le fait de ne pas être → ....

6 ** **Soulignez les adjectifs qui se rapportent au chaos.**

Avant la création de la mer, de la terre et de la voûte céleste, la nature entière présentait un aspect uniforme ; on a donné le nom de chaos à cette masse informe et grossière, bloc inerte et sans vie, assemblage désordonné d'éléments discordants et désunis.

Ovide, *Les Métamorphoses*, Ier s.

7 ** **Classez ces mots dans le tableau.**

néant • vide • ordre • désert • vie • lumière • chaleur • ténèbres • désordre • harmonie • rien • intelligence • chaos

avant la création du monde	après la création du monde
....	....
....	....

• La **création** se fait selon un ordre propre à chaque récit, mais on retrouve généralement : *l'univers, le ciel, la Terre, les éléments, la vie, l'humanité, les animaux, les végétaux…*

8 * **Surlignez les éléments créés par Dieu.**

Après avoir créé les cieux, la terre et les mers…, Dieu dit :
Que les eaux produisent en abondance des animaux vivants qui se meuvent, et que des oiseaux volent sur la terre vers l'étendue du ciel…
Que la terre produise des animaux vivants, du bétail, des reptiles et des animaux terrestres…
Faisons l'homme à notre image, selon notre ressemblance…

D'après la *Bible*, Livre de la Genèse.

9 ** **Soulignez ce qui a servi à créer l'homme, selon ce mythe antique.**

Prométhée mélangea de l'eau et de la terre et il façonna un être à l'image des dieux. Il enferma dans sa poitrine le bien et le mal, et c'est ainsi qu'il créa son âme. La déesse Athéna admira cette créature et lui donna le souffle de la vie. Plus tard, Prométhée offrit le feu aux hommes.

J'utilise ce que j'ai appris…

POUR LIRE 10 Voici le récit du moment où tout était en suspens, tout n'était que calme et silence ; tout était immobile, tout était en paix et le ciel était vide.
La surface du sol n'était pas apparue. Il n'y avait que la mer calme et l'immensité du ciel. Tandis que les Créateurs méditaient, il leur parut nécessaire que, lorsque l'aube arriverait, l'homme dût apparaître. Alors ils organisèrent la création, la croissance des arbres et des fourrés, l'apparition de la vie, et la création de l'homme.

Popol Vuh (Livre sacré des anciens Mayas-Quichés).

a. **Ce texte appartient-il à une religion monothéiste ou polythéiste ?** ..../1,5
.... **Justifiez-le en citant le texte.** ..../1
b. **Soulignez les mots qui décrivent la situation qui précédait la création.** ..../4,5
c. **Surlignez les mots qui détaillent ce qui a été créé.** ..../3

Ma note : .... / 10

POUR DIRE 11 **Recherchez (sur Internet, par exemple) un texte relatif aux récits de création. Lisez-le attentivement, puis racontez l'histoire oralement à vos camarades.**

POUR ÉCRIRE 12 **Imaginez une suite au texte de l'exercice 10. Racontez et détaillez cette création. Faites part des réactions des Créateurs.**

60 Évaluation

Le vocabulaire

Mon objectif : **évaluer mes connaissances sur le vocabulaire : origine et composition des mots, sens, champs lexicaux…**

Je récapitule mes connaissances

1 Je complète le tableau avec :

a. **les notions correspondant aux définitions :** préfixe, famille de mots, synonymes, suffixe, sens propre, radical, champ lexical, antonymes, sens figuré.

b. **les exemples qui les illustrent :** un [trou] de souris • un [trou] de mémoire • port, portable, export… • [im]portation • import[ation] • im[port]ation • feu, incendie, brûler… • peureux/courageux • peureux/craintif.

notions	définitions	exemples
....	élément de base du mot, sans préfixe ni suffixe	....
....	précède le radical	....
....	suit le radical	....
....	mots formés à partir du même radical	....
....	mots de sens très proche	....
....	mots de sens opposé	....
....	sens le plus courant	....
....	sens dérivé du sens propre pour former une image	....
....	mots se rapportant au même thème	....

Je teste mes connaissances

2 a. **Je décompose *préhistorique* en préfixe, radical et suffixe.** 1 point

....

b. **Je souligne les mots de la famille de *heure*.** 1 point

horaire • horreur • horrible • horodateur • horrifier • horloge • horoscope

c. 1. **J'indique dans quelle phrase *lumineuse* est : au sens propre, au sens figuré.** 1 point

Tu as eu une idée lumineuse. .... • La pièce est lumineuse. ....

2. **Je le remplace par son synonyme dans chacune des deux phrases.** 1 point

Tu as eu une idée .... • La pièce est ....

d. **Je donne deux mots français formés sur ce mot latin et sur ce mot grec.** 2 points

stella (étoile) : .... • *demos* (peuple) : ....

e. **Je place chaque mot dans le domaine de vocabulaire auquel il appartient.** 4 points

lutin • chaos • déesse • rocambolesque • cyclope • univers • île déserte • dragon

mythe : .... **récit d'aventures :** ....

conte : .... **récit de création :** ....

Ma note : .... / 10

J'applique mes connaissances...

POUR LIRE 3

Tandis que j'abattais du bois, j'avais aperçu derrière l'épais branchage une espèce de cavité dont je fus curieux de voir l'intérieur. Parvenu, non sans difficulté, à son embouchure, je trouvai qu'il était assez spacieux, mais je dois avouer que je me retirai avec plus de hâte que je n'étais entré, lorsque portant mes regards vers le fond de cet antre entièrement obscur, j'y vis deux grands yeux brillants. Étaient-ils de diable ou d'homme, je ne savais, mais comme la sombre lueur de l'embouchure de la caverne s'y réfléchissait, ils étincelaient comme deux étoiles.
Après une courte pause, je revins à moi, me traitant de fou, et, reprenant courage, je saisis un tison enflammé et me précipitai dans la caverne. Là, j'entendis un profond soupir, puis un bruit entrecoupé, semblable à des paroles à demi articulées.

D'après **Daniel Defoe**, *Robinson Crusoé*, 1719.

1. **Indiquez : a. le préfixe de ces mots.**
parvenu (l. 4) : .... • enflammé (l. 21) : ....
entrecoupé (l. 23) : .... 3 points
b. le suffixe de ces mots.
branchage (l. 2) : .... • entièrement (l. 11) : .... 2 points
2. **Donnez un nom de la famille de l'adjectif *curieux* (l. 4).** 1 point
La ....
3. **Relevez trois noms dont le sens est proche de celui de *grotte*.**
.... 3 points
4. **Relevez les mots appartenant au champ lexical de la lumière (et de l'obscurité).** 4 points
....
....
5. **a. Par quel synonyme peut-on remplacer le nom *pause* ?**
.... 1 point
b. Avec quel mot ne faut-il pas le confondre ? .... 1 point
6. **a. Le nom latin *spatium* signifie *espace*. Quel mot du texte a pour origine le mot *spatium* ?** .... 1 point
b. Le nom grec *nautès* signifie *navigateur*. Expliquez ce qu'est un *spationaute*, en partant des origines du mot. 2 points
....
7. **L'histoire racontée est-elle vraisemblable ou invraisemblable ?** .... 1 point
8. **Ce texte est :** ☐ un conte ☐ un mythe ☐ un récit d'aventures ☐ un récit de création 1 point

Ma note : .... / 20

POUR DIRE 4 **Relisez attentivement le texte ci-dessus. Puis, sans le regarder, reformulez l'histoire avec vos propres mots.**

Évaluation collective : 10 points : conformité avec le récit d'origine
10 points : qualité du vocabulaire utilisé

Notre note : .... / 20

POUR ÉCRIRE 5 **Imaginez une suite à l'histoire racontée ci-dessus.**

1. Tenez compte de chaque fait du récit d'origine pour en écrire une suite cohérente. 5 points
2. Respectez la personne et les temps du récit d'origine. 2 points
3. Composez une histoire intéressante. 5 points
4. Efforcez-vous d'utiliser un vocabulaire précis et varié. 8 points

Ma note : .... / 20

Évaluation des compétences travaillées

- Enrichir le lexique
- Observer la morphologie des mots

Ma note globale : .... / 70
- **Entre 0 et 17** : maîtrise insuffisante.
- **Entre 18 et 35** : maîtrise fragile.
- **Entre 36 et 53** : maîtrise satisfaisante.
- **Entre 54 et 70** : très bonne maîtrise.

Reportez les résultats de l'évaluation p. 128.

61 Préparation à la dictée

Dans l'antre de Smaug, le dragon

Mon objectif : mettre en pratique mes connaissances d'orthographe grammaticale et lexicale

1. Je prépare la dictée

Orthographe grammaticale

1. Complétez les mots en gras, après les avoir remplacés mentalement par un verbe du 3e groupe *(faire, partir, prendre...)*. Accordez le participe passé.

Nous allons **ramass**......... les prunes **tomb**......... .

Conjugaison

2. Conjuguez le verbe *paraître* à l'imparfait de l'indicatif (→ pp. 54-55).

je .... tu .... il, elle ....

nous .... vous .... ils, elles ....

3. Conjuguez le verbe *apercevoir* à la 3e personne du passé simple de l'indicatif (→ pp. 56-57).

il, elle .... ils, elles ....

Orthographe lexicale

4. Donnez le mot de la famille de ces verbes, dont la classe grammaticale est indiquée.

ronfler : (nom) .... • percer : (adjectif) ....

5. Barrez les GN mal orthographiés.

une bouffée de vapeur • une bouffé de vapeur • une bouffée de vapeure

2. J'écris la dictée

....

....

....

....

....

....

....

....

....

....

Extrait de *Bilbo le Hobbit*, de J. R. R. Tolkien, 1969.

3. Je corrige mes fautes

Distinguez les fautes d'**accord**, de **conjugaison** et d'orthographe d'**usage**.

....

....

....

....

....

J'évalue ma dictée

2 points par faute de grammaire ou de conjugaison, 1 point par faute d'usage, 0,5 point par faute de ponctuation, d'accent d'usage, de majuscule.

Ma note : .... /20

Méthode

62 Comment organiser, corriger et améliorer mon brouillon ?

Mon objectif : **produire des rédactions aussi abouties que possible**

1. J'organise mon brouillon

- Je **lis** le **sujet** et j'y **réfléchis**.
- Je **note** mes **idées** et je les **mets en ordre**.
- Je **rédige** un premier jet au **crayon**.
- Je laisse une **marge** pour les **corrections** et **améliorations**.
- Je vais **à la ligne** à la **fin** de chaque **partie**.

2. Je relis mon texte pour le corriger

- Je **corrige** :
  - les **répétitions**,
  - les phrases trop **longues** ou **mal construites**,
  - l'emploi des **temps** : je vérifie le temps de chaque verbe,
  - l'**orthographe** et la ponctuation.
- Je **barre** ce qui est mal formulé, ce qui n'est pas intéressant.

Je vérifie si j'ai compris

1. Je corrige les fautes et maladresses contenues dans ces phrases.

1. Anna voulait un chat noir, mais le chat qu'Anna a eu est roux.

....

2. Dis-moi c'est quand qu'il vient. ....

3. Il rangea le livre qu'il a fini de lire. ....

4. Ou veut elle allé. ....

3. J'améliore mon texte

- J'**ajoute** des mots de **liaison**, des indications de **temps** et de **lieu**.
  *Il s'arrêta. → **Enfin, au bout d'une heure,** il s'arrêta **dans une rue déserte**.*
- Je **remplace** les mots banals par des mots **précis**.
  *Il y a du vent. → Il **souffle** un vent **violent**.*
- J'**enrichis** les **descriptions**.
  *Ils virent un étang. → … un étang **aux eaux argentées et miroitantes**.*

Je vérifie si j'ai compris

2. Voici un sujet.

Racontez une journée où rien ne s'est passé comme prévu.

a. **Je souligne les mots importants, puis je reformule le sujet avec mes mots à moi.**

....

b. **Sur papier libre, je note des idées et je les mets en ordre.**

c. **Je rédige un premier jet de mon devoir, d'après mes notes.**

d. **Je relis mon brouillon pour le corriger et l'améliorer, avant de le recopier.**

En résumé

Un brouillon n'est jamais parfait, je peux toujours l'améliorer.

Vérifiez que vous avez bien compris en complétant la fiche imprimable.

bordas.media/733820_113

63 Construire un récit

d'autres exercices numériques
bordas.media/733820_114

Mon objectif : construire un plan cohérent, avant de rédiger

J'apprends et je m'exerce

Je mets en place la situation initiale

- Un **récit** raconte une **histoire** par **étapes** successives selon un **schéma narratif**.

Situation initiale → Événement déclencheur → Péripéties → Solution inattendue → Situation finale heureuse

La **situation initiale** est le **début** de l'histoire : présentation du **lieu**, du **moment**, du ou des **personnages** principaux...

Un paragraphe commence toujours par un **alinéa**, c'est-à-dire par un **retrait**.

1 **Imaginez la situation initiale qui précède cet événement. Détaillez-la.**

Soudain le tonnerre gronda et une pluie diluvienne se mit à tomber.

J'imagine un événement déclencheur

- La situation initiale est **bouleversée** : **intervention** d'un autre **personnage**, d'un **incident**, d'une **découverte**, etc. Cet événement est annoncé par : *soudain, tout à coup...*

2 **Voici une situation initiale :** Nina, Tom, Sam et Lili pique-niquaient au bord d'un étang.

a. **Développez-la un peu.**

b. **Imaginez un événement déclencheur.**

J'enchaîne avec des péripéties

- Ce sont les **aventures** qui arrivent au(x) personnage(s).
- Elles se succèdent et sont marquées par des **adverbes** *(d'abord, ensuite, aussitôt)* et des **compléments circonstanciels de temps** *(quelques jours plus tard...)*.

3 **Continuez le récit commencé dans l'exercice 2, en imaginant plusieurs péripéties qui se succèdent.**

N'oubliez pas les mots qui marquent la **succession des péripéties**.

Je trouve une solution inattendue

- L'intervention d'une **personne** ou d'un **événement** va **dénouer** la situation : c'est la **fin** des péripéties.

4 * **Imaginez comment les personnages des exercices 2 et 3 voient arriver la fin de leurs problèmes.**

....

....

....

....

Je termine avec la situation finale

- Tout redevient **calme**. La situation est **identique** à la situation initiale ou **différente**.
- On exprime les **sentiments** éprouvés : *satisfaction, soulagement, déception…*

5 ** **Décrivez la situation finale, en insistant sur les sentiments éprouvés.**

....

....

....

....

J'utilise ce que j'ai appris…

POUR LIRE **6** **Voici le résumé d'un récit.**

Un jour, le roi d'un petit pays convoqua ses sujets. Quand ils furent tous rassemblés, il leur expliqua qu'il était à la recherche d'un coffret magique caché dans un tronc d'arbre et que chacun devait partir à sa recherche.

Aussitôt, ce fut une belle cohue dans les forêts du royaume, mais au bout d'un mois, le coffret magique n'était toujours pas trouvé.

Finalement le roi renonça à posséder le coffret. Il laissa les forêts en paix et chacun retourna à ses activités.

a. **Soulignez la situation initiale et la situation finale.**
b. **Surlignez l'événement déclencheur et l'événement qui dénoue les problèmes.**
c. **Mettez entre crochets les péripéties.**

POUR DIRE **7** **Racontez un film vu récemment, en construisant bien votre récit.**

POUR ÉCRIRE **8** **Imaginez un conte où il sera question des personnages ci-contre. Racontez leurs aventures en suivant les 5 étapes de la construction d'un récit. Soulignez les GN CC de temps.**

Autoévaluation

	Oui	Non
J'ai suivi les étapes du récit, de la situation initiale à la situation finale.		
J'ai rédigé le récit en plusieurs paragraphes, avec des alinéas.		
J'ai fait jouer un rôle aux 4 personnages.		
J'ai utilisé des adverbes et des GN CC de temps. Je les ai soulignés.		

J'ai obtenu : ■ **1 oui** = Je remanie profondément le devoir. ■ **2 oui** = Je fais toutes les corrections. ■ **3 oui** = C'est bien. ■ **4 oui** = Bravo ! Mais je relis et améliore mon devoir.

64 Choisir la personne et le temps d'un récit

d'autres exercices numériques
bordas.media/733820_116

Mon objectif : **connaître les caractéristiques des récits à la 1re et à la 3e personne, au présent et au passé**

J'apprends et je m'exerce

Je raconte à la 1re personne

- Je raconte une histoire à la **1re personne** si on me demande :
  – de raconter une aventure **personnelle**,
  – de faire raconter une aventure **inventée** par **un des personnages de l'histoire**.
- Le **narrateur** (celui qui raconte l'histoire) dit *je*. Il participe à l'action.

1 * **Vous avez participé à un événement dans votre collège. Commencez-en le récit.**

Je raconte à la 3e personne

- Je raconte une histoire à la **3e personne** si on me demande :
  – de raconter les **aventures** d'un **personnage**,
  – de raconter une **histoire** que j'ai **inventée** (un conte par exemple).
- Les personnages sont désignés par leur **nom** ou un **pronom** de la 3e personne (*il, elle*…).

2 * **Réécrivez à la 3e personne ce que vous avez raconté dans l'exercice précédent. Donnez un prénom à l'élève dont vous racontez la participation à l'événement.**

Je raconte au présent

- Je raconte une histoire au **présent** pour rendre le récit plus **proche** du lecteur.
- J'emploie le **passé composé** pour les faits situés **avant** les faits au présent.
  J'emploie le **futur** pour les faits situés **après** les faits au présent.
  *Léa aperçoit un pot de fleurs que le vent **a brisé**. Elle en **achètera** donc un autre.*

3 ** **Complétez et continuez ce récit. Utilisez les trois temps présentés ci-dessus.**

Ce jour-là, je prends une bonne résolution et je (*décider*, présent) ………………………… que je (*passer*, futur) ………………………… la matinée à ranger les affaires que, depuis des semaines, j' (*accumuler*, passé composé) ………………………… sur ma table de travail. Donc, …………………………

Je raconte au passé

On utilise le **passé composé** à la place du passé simple dans les récits proches de l'oral.

- Je raconte une histoire au **passé** pour qu'elle ressemble à un récit classique.
- J'emploie le **passé simple** pour les événements qui **se succèdent**.
  J'emploie l'**imparfait** pour les **descriptions**, les faits **habituels** ou **répétés**.
  J'emploie le **plus-que-parfait** pour les faits situés **avant** les faits au passé simple.
  J'emploie le **conditionnel présent** pour les faits situés **après** les faits au passé simple.
  *Le Prince **délivra** la jeune fille que le dragon **avait enlevée** et il lui **promit** qu'il l'**épouserait**.*
  *Le dragon **était** furieux.*

4 ** **Complétez et continuez ce récit. Utilisez les quatre temps présentés ci-dessus.**

Un matin du mois de novembre, *(prénom)* .... se rendait comme d'habitude au collège. La veille, *(pronom)* ....
Ce matin-là, ... pensait que, dans l'avenir, ...
....
Soudain, ...
....
....
....

J'utilise ce que j'ai appris...

POUR LIRE **5** Un des cavaliers, qui semble être le chef de la bande, s'approche d'un rocher près de l'arbre où Ali Baba a trouvé refuge. Il prononce distinctement ces paroles : « Sésame, ouvre-toi. » Aussitôt une porte s'ouvre. Il entre avec ses hommes et la porte se referme. Ali Baba, dont la position est inconfortable, espère que les quarante voleurs sortiront bientôt.

Ali Baba et les quarante voleurs.

a. À quelle personne ce récit est-il raconté ? ....

b. Quels sont les temps utilisés ? ....

c. Relisez le texte comme s'il s'agissait d'un récit au passé, en mettant mentalement les verbes aux temps voulus. Copiez les verbes soulignés aux temps convenables.

....

POUR DIRE **6** **Un(e) élève raconte au présent et à la 1re personne une journée qui lui a plu. Un(e) autre élève raconte la même histoire, mais à la 3e personne et au passé.**

POUR ÉCRIRE **7** **Racontez deux fois cette histoire :** Quelqu'un découvre une porte qu'il n'avait jamais remarquée et décide de l'ouvrir.
a. à la 1re personne et au présent. b. à la 3e personne et au passé.
Dans les deux cas, rapportez aussi des faits situés avant et après les faits principaux, en utilisant les temps qui conviennent.

Autoévaluation

	Oui	Non
J'ai raconté 2 fois la même histoire.		
J'ai utilisé *je* dans la 1re et *il* ou *elle* dans la 2e.		
J'ai utilisé : présent, passé composé, futur dans la 1re.		
J'ai utilisé : passé simple, imparfait, plus-que-parfait, conditionnel dans la 2e.		

J'ai obtenu :
- **1 oui** = Je remanie profondément le devoir.
- **2 oui** = Je fais toutes les corrections.
- **3 oui** = C'est bien, mais je corrige ce qui est nécessaire.
- **4 oui** = Bravo ! Mais je relis et améliore mon devoir.

65 Faire parler les personnages d'un récit

d'autres exercices numériques
bordas.media/733820_118

Mon objectif : intégrer des dialogues dans un récit

J'apprends et je m'exerce

J'utilise des verbes introducteurs de dialogue

- Dans la phrase de **récit** qui **précède** le dialogue, j'utilise un **verbe introducteur** qui **annonce** les paroles : *dire, déclarer, affirmer, crier, raconter, demander, murmurer…*
Le vendeur s'adressa au client : « Vous serez très satisfait de ce modèle. »
- Je **coupe** ou je **termine** certaines répliques par une **proposition incise** contenant un verbe introducteur. *« J'espère que je ne serai pas déçu », répondit le client.*

1 * **a. Soulignez les verbes introducteurs de dialogue. Complétez chaque phrase avec une phrase de dialogue.**

1. Le professeur demanda aux élèves : « .... ? »
2. Il bredouilla, tout intimidé : « .... »
3. Elle éclate de rire et s'écrie : « .... »

Le verbe de la proposition incise a un **sujet inversé** qui indique qui parle.

** **b. Complétez ces phrases avec une proposition incise. Variez les verbes.**

4. « Youpi ! Ça y est ! Nous sommes en vacances », ...
5. « Es-tu maintenant complètement guérie ? » ....
6. « J'ai encore laissé brûler mon gâteau ! » ....

J'utilise la langue de l'oral

- Pour rapporter des paroles, j'emploie :
– des **pronoms personnels** de la **1re** et de la **2e** personne : *je, me, nous, tu, toi, vous…*
– des verbes au **présent**, à l'**imparfait**, au **passé composé** et au **futur**, mais aussi à l'**impératif** : *Écoute-moi, je t'en prie.*
– des phrases **interrogatives** pour poser des **questions**, **impératives** pour donner des **ordres**, **exclamatives** pour exprimer des **émotions**. *« Où vas-tu ? Reste ici. Il est tard ! »*

2 * **Complétez chaque phrase avec une ou deux répliques de dialogue. Vérifiez que vous avez tenu compte des conseils donnés dans l'encadré ci-dessus.**

On doit adapter le **niveau de langue** à la personnalité de celui qui parle.

1. En sortant du collège, Alice demanda à sa camarade :
« .... »
Enthousiaste, celle-ci lui répondit :
« .... »
2. Une cliente entra dans la boutique et s'adressa à une vendeuse :
« .... »
3. Très fâché, Tom entra dans la chambre de son frère et s'exclama :
– ....
– ....,
lui répondit son frère.
4. Samia vit venir dans sa direction un camarade tout essoufflé. Elle l'arrêta et s'exclama :
– ....
– ....,
murmura le garçon.

J'utilise la mise en page et la ponctuation du dialogue

- Je vais **à la ligne** à chaque **changement** d'interlocuteur.
- Je fais précéder chaque réplique d'un **tiret**.
- Je peux mettre une phrase ou tout un dialogue **entre guillemets**.
  Dans ce cas, la 1re réplique n'est pas précédée d'un tiret.

3 * **a. La mise en page et la ponctuation du dialogue ont disparu. Réécrivez le texte en rétablissant la ponctuation, les majuscules et la présentation du dialogue.**
b. Continuez le dialogue.

Sam bâilla et soupira quel temps pluvieux je ne sais pas comment m'occuper moi aussi je m'ennuie si nous inventions un jeu proposa Lila.

....

....

....

....

....

....

....

....

J'utilise ce que j'ai appris…

POUR LIRE 4

« Est-ce que tu te souviens de la vieille sorcière ? demanda le Roi des saumons.
– Bien sûr que oui, dit le chat dont le poil se hérissa.
– Comment peux-tu m'en débarrasser ?
– Pas difficile. Je vais la changer en ver de terre, et les poissons la mangeront. »

Bernard Clavel, *Légendes des lacs et rivières*, © Le Livre de Poche Jeunesse, 1979.

a. Entoure les signes propres au dialogue.

b. Souligne les propositions incises. Quel est leur temps ? ....

c. Quels sont les temps utilisés dans les paroles prononcées par les deux personnages ? ....

POUR DIRE 5 [par groupes de deux (le Roi des saumons et le chat)] **Interprétez et continuez le dialogue précédent.**

POUR ÉCRIRE 6 **Imaginez un dialogue entre trois camarades qui discutent pour savoir comment occuper une journée de vacances.**
Commencez par une phrase de récit contenant un verbe introducteur que vous soulignerez. Prévoyez quelques propositions incises.

Autoévaluation

	Oui	Non
J'ai écrit une 1re phrase qui est une phrase de récit.		
J'ai souligné un verbe introducteur de récit et des propositions incises.		
J'ai utilisé des tirets et, éventuellement, des guillemets.		
J'ai fait en sorte qu'on comprenne qui prononce chaque réplique.		

J'ai obtenu :
- **1 oui** = Je remanie profondément le devoir.
- **2 oui** = Je fais toutes les corrections.
- **3 oui** = C'est bien, mais je corrige ce qui est nécessaire.
- **4 oui** = Bravo ! Mais je relis et améliore mon devoir.

66 Décrire le décor et les personnages d'un récit

d'autres exercices numériques
bordas.media/733820_120

Mon objectif : **produire des descriptions utiles et intéressantes**

J'apprends et je m'exerce

J'organise la description

- Je **situe dans l'espace** les éléments qui composent une description, grâce à :
  – des GN compléments de lieu : *au premier plan, derrière les arbres, sur le lac…*
  – des adverbes de lieu : *ici, là-bas, plus loin, au-dessus…*

1 * **Classez ces repères de lieu du plus proche au plus éloigné.**

un peu plus loin • dans le lointain • devant nous • à l'horizon • là-bas

……………………………………………………………………………………………

2 ** **Complétez cette description d'une salle de classe, avec des CC de lieu.**

1. ……………………………, figurent des affiches et des panneaux réalisés par les élèves.
2. ………………………………………… trône le bureau du professeur, avec ses livres et ses cahiers.
3. ……………………………………, on aperçoit la cour de récréation plantée d'arbustes.

3 * **a. Choisissez dans quel ordre vous utiliseriez ces différents éléments pour faire le portrait d'un personnage.**

les cheveux ☐ • la silhouette ☐ • les yeux ☐ • le front ☐ • les lèvres ☐

** **b. Faites le portrait d'un(e) camarade de classe, en suivant l'ordre retenu.**

……………………………………………………………………………………………
……………………………………………………………………………………………
……………………………………………………………………………………………

J'enrichis la description

Un mot est **descriptif** quand il permet d'imaginer ce dont il est question.

- Pour permettre au lecteur de « voir » le décor ou le personnage décrit, j'utilise :
  – un **vocabulaire précis** : *un sapin* est plus précis que *un arbre*.
  – des **adjectifs** et des **GN descriptifs** : *un sapin majestueux d'un vert profond et brillant.*

4 ** **Réécrivez cette phrase en enrichissant les noms en gras avec des adjectifs et/ou des GN descriptifs.**

Sur un **coussin**, dormait un **chat**.

……………………………………………………………………………………………
……………………………………………………………………………………………
……………………………………………………………………………………………

5 ** **Réécrivez cette phrase en changeant les adjectifs épithètes des noms soulignés, de manière à décrire une pièce accueillante.**

On les fit entrer dans une <u>pièce</u> sombre et enfumée, aux <u>murs</u> noircis et au <u>mobilier</u> inconfortable.

……………………………………………………………………………………………
……………………………………………………………………………………………
……………………………………………………………………………………………

Je choisis le temps de la description

- J'utilise le **présent** dans un récit au **présent**. *Aujourd'hui, le ciel est menaçant.*
- J'utilise l'**imparfait** dans un récit au **passé**. *Ce jour-là, le ciel était menaçant.*

Tenez compte des **autres verbes** de la phrase.

6 * **a. Mettez les verbes entre parenthèses au présent ou à l'imparfait.**
b. Continuez les descriptions.

1. Quand nous arrivâmes enfin, la mer *(scintiller)* .... sous un soleil ardent. Le ciel *(resplendir)* ....

....

....

....

....

2. Dans le train, en face de moi, est assis(e) un(e) adolescent(e) d'une quinzaine d'années. Comme il /elle dort, je *(pouvoir)* .... l'observer. ....

....

....

....

....

J'utilise ce que j'ai appris...

POUR LIRE **7** Athéna conseille ainsi Ulysse : « Ne songe pas à provoquer les prétendants qui pillent ton palais. Aie recours à la ruse. Je vais te rendre méconnaissable. Je vais cacher ta chevelure noire sous des cheveux blancs, rider ton front, courber ton corps, te vêtir de haillons malpropres et le roi d'Ithaque ne sera plus qu'un vieux mendiant qui pourra s'approcher de ses ennemis, sans être reconnu. »
La métamorphose s'accomplit : Ulysse se relève, vieux, voûté, le regard éteint et sombre, un bâton dans sa main tremblante.

D'après HOMÈRE, *Odyssée*, VIIIe s. av. J.-C.

a. Soulignez tout ce qui sert à montrer comment est ou sera Ulysse.
b. Athéna métamorphose Ulysse en vieux mendiant.
Vous pouvez deviner comment était Ulysse avant cette métamorphose.

- ses cheveux étaient : ....
- son front était : ....
- son corps était : ....
- ses vêtements étaient : ....

POUR DIRE **8** **Décrivez ce que vous voyez depuis la fenêtre de votre chambre.**

POUR ÉCRIRE **9** **Vous écrivez le début d'un roman : a. vous décrivez l'endroit où commence l'histoire ; b. vous faites arriver le personnage principal et vous le décrivez. Vos descriptions seront organisées et précises.**

Autoévaluation

	Oui	Non
J'ai décrit le décor de la scène.		
J'ai décrit le personnages principal.		
J'ai organisé et enrichi mes descriptions.		
J'ai choisi le temps qui convenait à ma description.		

J'ai obtenu :
- **1 oui** = Je remanie profondément le devoir.
- **2 oui** = Je fais toutes les corrections.
- **3 oui** = C'est bien, mais je corrige ce qui est nécessaire.
- **4 oui** = Bravo ! Mais je relis et améliore mon devoir.

67 Éviter les répétitions

d'autres exercices numériques
bordas.media/733820_122

Mon objectif : **utiliser les pronoms et les GN de reprise pour éviter les répétitions**

J'apprends et je m'exerce

J'utilise des pronoms de reprise

- Dans un texte, pour **désigner à nouveau** une personne ou une chose, sans faire de **répétitions**, j'utilise des **pronoms personnels** : *il(s), elle(s), le, lui, eux…*
*Les élèves sont silencieux : **ils** font un contrôle.*

1 * **Réécrivez ce qui est souligné, en évitant les répétitions grâce à des pronoms personnels.**

1. J'ai donné des croquettes au chien. Le chien a mangé toutes les croquettes.

……………………………………………………………………………………………

2. Le skieur s'élance sur la piste, mais la piste est verglacée et le skieur tombe. Le skieur se relève aussitôt et repart.

……………………………………………………………………………………………

3. Léa et son frère ont invité un voisin. Le voisin se rend donc chez Léa et son frère.

……………………………………………………………………………………………

2 ** **Écrivez une suite à ces phrases, en utilisant des pronoms de reprise des mots soulignés.**

1. Tom va chercher sa petite sœur à l'école. ……………………………………………

……………………………………………………………………………………………

2. La magicienne offrit des gâteaux au jeune garçon. ……………………………………

……………………………………………………………………………………………

……………………………………………………………………………………………

J'utilise des GN de reprise

- Pour éviter des répétitions, j'utilise aussi des **groupes nominaux**
– avec **le même nom** et un **déterminant plus précis** :
*Nous avons vu un film. **Ce film** a été tourné en Afrique.*
– contenant un **synonyme** : *Ils virent une maison, c'était **la demeure** de leurs amis.*
– donnant une **information** :
*Regarde cet arbre. **Ce chêne centenaire** a été planté sous Napoléon III.*

3 ** **Réécrivez ce qui suit, en évitant les répétitions grâce à des GN de reprise.**

Nina et Nino virent un chevreuil. Nina et Nino s'approchèrent doucement, mais le chevreuil s'enfuit.

……………………………………………………………………………………………

……………………………………………………………………………………………

……………………………………………………………………………………………

4 ** **Écrivez une suite à ces phrases, en utilisant des GN de reprise des mots soulignés.**

1. Sais-tu comment une souris a délivré un éléphant ?

……………………………………………………………………………………………

……………………………………………………………………………………………

……………………………………………………………………………………………

2. Alice confectionne une tarte pour le goûter, parce qu'elle attend Emma.

....

....

....

5 ** **Voici deux éléments d'une phrase : *Hercule • un animal monstrueux*.**
a. Construisez une phrase courte.

....

b. Écrivez une suite en reprenant les mots *Hercule* et *animal monstrueux* avec des GN et des pronoms de reprise que vous soulignerez.

....

....

....

....

....

....

....

J'utilise ce que j'ai appris...

POUR LIRE 6

Les voyageurs voguèrent pendant des nuits et des jours, d'une île à l'autre. Soudain, un vent violent se leva et le bateau se brisa. Sindbad et les autres passagers tombèrent à l'eau avec tous leurs bagages. Pendant plus d'une heure, ils nagèrent sans espoir de salut. Enfin, ils rencontrèrent une grosse poutre et se mirent à califourchon sur cette embarcation de fortune.

Les Aventures de Sindbad le Marin, vers 837.

Relevez les pronoms et les GN de reprise qui évitent la répétition de ces GN.

Les voyageurs : ....

une grosse poutre : ....

POUR DIRE 7 **Lisez le texte précédent en rétablissant les répétitions que les mots de reprise ont évitées. Puis lisez le texte sans les répétitions.**
Faites les commentaires qui vous viennent à l'esprit.

POUR ÉCRIRE 8 **Écrivez la suite du texte précédent. Imaginez les aventures de Sindbad et de ses compagnons. Soulignez les pronoms et les GN qui ont évité des répétitions.**

Autoévaluation	Oui	Non
J'ai écrit une suite avec les mêmes personnages et au même temps.		
J'ai tenu compte de la situation dans laquelle ils se trouvaient.		
Je n'ai pas fait de répétitions.		
J'ai souligné les GN et les pronoms de reprise.		

J'ai obtenu : ■ **1 oui** = Je remanie profondément le devoir. ■ **2 oui** = Je fais toutes les corrections.
■ **3 oui** = C'est bien, mais je corrige ce qui est nécessaire. ■ **4 oui** = Bravo ! Mais je relis et améliore mon devoir.

68 Évaluation

L'expression écrite

Mon objectif : **évaluer mes capacités à produire un texte cohérent et bien relu**

Je récapitule mes connaissances

1 Je complète ce tableau récapitulatif sur le récit.

1. Les 5 étapes d'une narration sont
- La situation initiale
- L'événement ....
- Les ....
- La .... inattendue
- La ....

2. Je peux écrire un récit
- à la .... personne
- ou à la .... personne

3. Je peux raconter une histoire
- au ....
- ou au ....

4. Un dialogue peut être introduit par des verbes de parole tels que : *dire*, ...
....

5. Je situe les éléments d'une description grâce
- à des GN CC de ....
- à des adverbes de ....

6. J'.............................. une description grâce à des adjectifs et des GN descriptifs.

7. Le temps de la description est
- .... dans un récit au présent.
- .... dans un récit au passé.

8. J'évite les répétitions grâce à des .... personnels, ou à des .... de reprise.

Je teste mes connaissances

2 Je réécris ce texte en corrigeant les fautes : temps, répétitions, ponctuation...

Quand j'arrivais devant la maison de mon camarade, je l'appelais et il ouvrit la fenêtre. Bonjour, me dit mon camarade. Je ne m'attendais pas à te voir. Je lui proposais de venir admirer le télescope que j'ai construit et qui me servira à voir les étoiles. Mon camarade s'écria. J'arrive tout de suite, Chloé !

....
....
....
....

1 point par réponse juste ■ Ma note : .... / 10

J'applique mes connaissances...

POUR LIRE 3

1. **S'agit-il de la situation initiale d'un conte ?** Oui ☐ Non ☐ 1 point

2. **Qui en sont les personnages ?** .... 2 points

3. **Quel GN et quel pronom reprennent, dans la suite du texte, le 1er GN *Le Maître Chat* ?** .... 2 points

4. **Transformez le passage en gras en extrait de récit au présent.**
.... 4 points

5. a. **Si vous deviez introduire des descriptions dans ce texte, que pourriez-vous décrire (lieu et personnages) ?** 2 points
....
b. **Proposez une de ces descriptions.** 2 points
....
....

6. a. **Soulignez les paroles prononcées par les personnages.** 4 points
b. **Entourez les signes et la ponctuation propres au dialogue.** 3 points

Ma note : .... / 20

Le Maître Chat* arriva bientôt dans un beau château dont le Maître était un Ogre, le plus riche qu'on aie jamais vu. **Il demanda qui était cet Ogre, et ce qu'il savait faire**, demanda à lui parler, disant qu'il n'avait pas voulu passer si près de son château, sans avoir l'honneur de le saluer. L'Ogre le reçut aussi poliment que le peut un Ogre.
« On m'a assuré, dit le Chat, que vous aviez le don de vous changer en toute sorte d'animaux, que vous pouviez, par exemple, vous transformer en lion, en éléphant.
– Cela est vrai, répondit l'Ogre brusquement, et pour vous le montrer, vous m'allez voir devenir lion. »
Le Chat fut si effrayé de voir un lion devant lui, qu'il gagna aussitôt les gouttières, non sans peine et sans péril, à cause de ses bottes qui ne valaient rien pour marcher sur les tuiles.

Charles Perrault, *Le Chat botté*, 1695.

* **Maître Chat :** il s'agit du Chat botté, animal très intelligent et rusé.

POUR DIRE 4 **Un élève raconte l'histoire ci-contre avec ses mots à lui. Renouvelez plusieurs fois l'expérience et comparez les différentes productions.**

Évaluation collective : **5 points :** exactitude du récit
5 points : formulation personnelle
10 points : respect des règles du récit

Notre note : .... / 20

POUR ÉCRIRE 5 **Le Chat botté retourne voir l'Ogre qui a repris son apparence habituelle. Il lui propose une autre transformation. Racontez cette nouvelle aventure. Vous n'oublierez pas d'inclure un dialogue et quelques passages descriptifs.**

1. Après avoir relu soigneusement la consigne, traitez chacun des points qui la composent. 4 points
2. Composez votre récit en respectant le schéma narratif. 4 points
3. Introduisez un dialogue entre le Chat botté et l'Ogre. 4 points
4. Enrichissez votre récit de quelques descriptions. 4 points
5. Relisez, corrigez et améliorez votre brouillon avant de le recopier (→ Méthode, page 113). 4 points

Ma note : .... / 20

Évaluation des compétences travaillées

→ **Produire des textes cohérents et bien relus**	**Ma note globale : .... / 70** ■ **Entre 0 et 17 :** maîtrise insuffisante. ■ **Entre 18 et 35 :** maîtrise fragile. ■ **Entre 36 et 53 :** maîtrise satisfaisante. ■ **Entre 54 et 70 :** très bonne maîtrise.

Reportez les résultats de l'évaluation p. 128.

69 Préparation à la dictée

Une fée contrariée

Mon objectif : mettre en pratique mes connaissances d'orthographe grammaticale et lexicale

1. Je prépare la dictée

Orthographe grammaticale

1. Pour distinguer -*ais* (imparfait) et -*ai* (passé simple), on met le verbe à la 3e personne du singulier. Complétez les verbes à l'imparfait ou au passé simple.

Pendant que je me promen.........., je remarqu.......... un bel oiseau et m'arrêt.......... pour l'observer.

2. Pour distinguer *au* et *aux*, on modifie la phrase pour avoir *le (la, l')* ou *les* :

Il va au collège. → *C'est le collège où il va.* **Complétez s'il le faut les mots en gras.**

Ils arrivèrent **au**....... **sommet**....... de la colline. • Toute sa vie, elle se dévoua **au**....... plus **démuni**....... .

Conjugaison

3. Conjuguez le verbe *prendre* au présent (→ pp. 51 à 53).

je .... tu .... il, elle ....

nous .... vous .... ils, elles ....

Orthographe lexicale

4. *Oh, Ah* sont suivis d'un point d'exclamation et d'une minuscule. Corrigez ces phrases.

Oh que c'est beau ! ....

Ah ! Que j'ai eu peur ....

5. Barrez les mots mal orthographiés.

honnête/honête/honette • souhéter/ souhaiter/souaiter • diament/diamant

2. J'écris la dictée

....

....

....

....

....

....

....

....

....

....

Extrait de *La Fée qui court*, de George Sand, 1859.

Distinguez les fautes d'**accord**, de **conjugaison** et d'orthographe d'**usage**.

3. Je corrige mes fautes

....

....

....

J'évalue ma dictée

2 points par faute de grammaire ou de conjugaison, 1 point par faute d'usage, 0,5 point par faute de ponctuation, d'accent d'usage, de majuscule.

Ma note : .... **/20**

70 Je teste mes acquis de la classe de 6e

Mon objectif : **je fais le bilan de ce que j'ai appris**

Grammaire

............/ 5

1. *Nous la connaissons.* Dans cette phrase, ***la*** est ☐ un article ; ☐ un pronom personnel.
2. *C'est à la tombée de la nuit que sortent les chouettes.*
   La fonction du GN souligné est : ....
3. *Cet établissement est mon collège.*
   La fonction du GN souligné est : ....
4. Je souligne l'adjectif épithète. *La grande plage est déserte.*
5. *Ne pas ouvrir cette porte.* Il s'agit d'une phrase :
   ☐ déclarative • ☐ impérative • ☐ interrogative

Conjugaison

............/ 5

1. Je donne l'infinitif de cette forme verbale :
   vous déferez ....
2. Je mets le verbe *apercevoir* au présent : ils ....
3. Je souligne le verbe à l'imparfait :
   nous crions • nous parions • nous adorions • nous varions
4. *vous aviez cru* est un : ☐ passé composé • ☐ plus-que-parfait
5. Je réécris cette phrase à l'impératif :
   Tu les écoutes. ....

Orthographe

............/ 5

Dans chaque phrase, je barre le mot mal orthographié et je le corrige.

1. Ils nous accompagnerons au cinéma, ce soir. ....
2. Les élèves ont finis tous leurs exercices et sont sortis. ....
3. Pendant notre promenade, nous avons vu un insecte et une fleur bizarre. ....
4. Il les appellent avec de grands gestes. ....
5. Regarde ces photos, ce sont celles de ma cousine et de ces enfants. ....

Vocabulaire et expression écrite

............/ 5

1. Le radical de *inégalable* est : ....
2. Le synonyme de *délicieux* est : ☐ facile • ☐ exquis • ☐ célèbre
3. Dans l'expression *dévorer des livres*, le mot *dévorer* est au sens ☐ propre • ☐ figuré
4. Je barre le mot qui n'appartient pas au champ lexical de l'eau.
   mouiller • ruisseler • lac • mer • montagne • humide • goutte
5. Je réécris ce qui suit sans répétition.
   Le boulanger façonne les pains. Puis le boulanger enfourne les pains.
   ....

1 point par réponse juste ■ Ma note : ..../ 20

Évaluation globale

J'évalue mes compétences

- Je reporte les résultats de chacune des sept évaluations en plaçant les croix dans la colonne « Maîtrise » correspondante : **insuffisante, fragile, satisfaisante, très bonne**.
- Je surligne le total de croix le plus élevé.

Évaluation des compétences travaillées		Maîtrise			
		insuffisante	**fragile**	**satisfaisante**	**très bonne**
➥ Identifier les classes de mots invariables ou subissant des variations	Évaluation p. 18				
➥ Identifier les fonctions grammaticales	Évaluation p. 34				
➥ Identifier les constituants de la phrase ➥ Distinguer phrase simple et phrase complexe	Évaluation p. 46				
➥ Observer le fonctionnement du verbe et l'orthographier ➥ Commencer l'approche de la valeur des temps	Évaluation p. 64				
➥ Observer les marques du genre et du nombre ➥ Maîtriser les principaux accords	Évaluation p. 88				
➥ Observer la morphologie des mots Enrichir le lexique	Évaluation p. 110				
➥ Produire des textes cohérents et bien relus	Évaluation p. 124				
	TOTAL				

Nous remercions chaleureusement Amélie Berthou-Sergeant pour sa relecture.
Édition : Françoise Lepage • Conception graphique : Pierre Taillemite • Mise en pages : Pictorus • Illustrations (intérieur) : Adrien Siroy • Illustrations (p. 114, 116, 118, 120, 122) : Frédérique Vayssières • Illustrations (couverture et p. 1 à 5) : Jean-Christophe Raufflet
Correction : Anne Dellenbach-Pesqué • Fabrication : Jean-Philippe Dore

MIXTE Papier issu de sources responsables FSC® C022030 www.fsc.org

Bordas est un éditeur qui s'engage pour la préservation de l'environnement et utilise du papier issu de forêts gérées de manière responsable et d'autres sources contrôlées.

Ce cahier a été imprimé en France en août 2021 par IPS, imprimeur certifié IMPRIM'VERT®

N° de projet : 10276783 • Dépôt légal : mars 2021